Angela Somm

Der klein

und die

Tanzstunde

Bilder von Amelie Glienke

Rowohlt Taschenbuch Verlag

4. Auflage Februar 2017

Originalausgabe
Veröffentlicht im Rowohlt Taschenbuch Verlag,
Reinbek bei Hamburg,
Juni 2001
Copyright © 2001 by Rowohlt Taschenbuch
Verlag GmbH, Reinbek bei Hamburg
Umschlag- und Innenillustrationen Amelie Glienke
Umschlaggestaltung Barbara Hanke
Copyright © 2001 by Rowohlt Taschenbuch Verlag GmbH,
Reinbek bei Hamburg
Alle Rechte an dieser Ausgabe vorbehalten
Satz Adobe Garamond PostScript
(PageOne)
Gesamtherstellung CPI books GmbH, Leck, Germany
ISBN 978 3 499 21141 6

*Dieses Buch ist
für alle, die gern wissen
möchten, wie man
Vampirpolka tanzt – und
für Burghardt Bodenburg,
mit dem ich immer noch
durchs Leben tanze*

ॐ

Angela Sommer-Bodenburg

Die Personen dieses Buches

Anton liest gern aufregende, schaurige Geschichten. Besonders liebt er Geschichten
über Vampire, mit deren Lebensgewohn-
heiten er sich auskennt.

Antons Eltern glauben nicht
recht an Vampire.

Antons Vater arbeitet im
Büro, *seine Mutter* ist
Lehrerin.

Rüdiger, der kleine Vampir, ist seit mindestens 150 Jahren Vampir. Dass er so klein ist,
hat einen einfachen Grund: Er ist bereits als
Kind Vampir geworden. Seine Freundschaft
mit Anton begann, als Anton wieder einmal
allein zu Hause war. Da saß der kleine Vampir plötzlich auf der
Fensterbank. Anton zitterte vor Angst, aber der kleine Vampir
versicherte ihm, er habe schon «gegessen». Eigentlich hatte
sich Anton Vampire viel schrecklicher vorgestellt, und nachdem ihm Rüdiger seine Vorliebe für Vampirgeschichten und
seine Furcht vor der Dunkelheit gestanden hatte, fand er ihn
richtig sympathisch. Von nun an wurde Antons ziemlich ein-
töniges Leben sehr aufregend: Der kleine Vampir brachte auch

für ihn einen Umhang mit, und gemeinsam flogen sie zum Friedhof und zur Gruft Schlotterstein. Bald lernte Anton weitere Mitglieder der Vampirfamilie kennen:

Anna ist Rüdigers Schwester – seine «kleine» Schwester, wie er gern betont. Dabei ist Anna fast so stark wie Rüdiger, nur mutiger und unerschrockener als er. Auch Anna liest gern Gruselgeschichten.

Lumpi der Starke, Rüdigers großer Bruder, ist ein sehr reizbarer Vampir. Seine mal hoch, mal tief krächzende Stimme zeigt, dass er sich in den Entwicklungsjahren befindet. Schlimm ist nur, dass er aus diesem schwierigen Zustand nie herauskommen wird, weil er in der Pubertät Vampir geworden ist.

Tante Dorothee ist der blutrünstigste Vampir von allen. Ihr nach Sonnenuntergang zu begegnen kann lebensgefährlich werden.

Friedhofswärter Geiermeier macht Jagd auf Vampire.

Schnuppermaul kommt aus Stuttgart und ist Friedhofsgärtner.

Die Vampirphase

«Kann ich jetzt in mein Zimmer gehen?», fragte Anton.

Es war Samstagabend, und seit zwei Stunden saß er im Wohnzimmer, zusammen mit seinen Eltern und ihren Gästen, dem Ehepaar Kaas. Gerade war die Unterhaltung beim Thema Sommerferien angelangt.

«Du willst schon in dein Zimmer gehen?» Antons Mutter zog die Augenbrauen zusammen. «Und ich dachte, du wolltest unseren Gästen noch von deinen Erlebnissen in Rumänien erzählen!» Dabei nickte sie dem Ehepaar Kaas zu.

Frau Kaas unterrichtete seit den Sommerferien an der Schule von Antons Mutter Sport. Sie war groß und massig wie eine Kugelstoßerin, hatte kurze schwarze Haare und einen Schnurrbart. Anton dankte seinem Schicksal, dass *er* eine andere Schule besuchte, denn der Sportunterricht von Frau Kaas bestand vermutlich nur aus Liegestützen, Dauerläufen und Gewichtheben!

Herr Kaas war das genaue Gegenteil seiner Frau: klein und dünn mit einer Stirnglatze und einem Zopf im Nacken.

Antons Mutter hatte die beiden zum Abendessen eingeladen, um die «kollegialen Beziehungen» zu fördern, wie sie es nannte. Das Essen – Seezunge mit Balkangemüse und zum Nachtisch Vanilleeis – war auch nicht schlecht gewesen. Aber bei der Vorführung ihrer Urlaubsdias aus Rumänien wäre Anton beinahe eingeschlafen.

«Frau Kaas und ihr Mann interessieren sich bestimmt nicht für *meine* Erlebnisse», entgegnete er.

«Und warum nicht?», fragte Frau Kaas und nahm sich eine Praline. Es war bereits ihre vierte.

«Ja, warum nicht?», echote Herr Kaas. Er schien die Angewohnheit zu haben, alles nachzusprechen, was seine Frau sagte.

Anton grinste. Plötzlich hatte er Lust, die beiden zu schockieren. «Ich wette, Sie glauben nicht an Vampire, oder?»

«Anton, bitte!», ermahnte ihn seine Mutter.

Frau Kaas tupfte sich mit ihrer Serviette den Mund ab. «Eventuell ja doch ... wenn ich erst mal weiß, was du in Rumänien erlebt hast!»

«Also –», begann Anton. «Auf dem Borgopass – das ist der Pass, auf dem Jonathan Harker von Graf Dracula in einer unheimlichen schwarzen Kutsche abgeholt wurde –»

«Im Roman!», fiel ihm seine Mutter ins Wort.

Anton warf ihr einen finsteren Blick zu und fuhr fort: «Auf dem Borgopass haben wir keine Vampire getroffen. Und in das Schloss Bran, das eigentliche Vampirschloss, haben sie uns wegen Renovierungsarbeiten nicht reingelassen. Aber dann in Weißkirch, in der alten Kirchenburg –»

Er brach ab. Sollte er wirklich verraten, dass unter der alten Kirchenburg die Vampirfamilie derer von Schlotterstein zusammen mit Großtante Brunhilde ihre Vampirgruft hatte?

«Was war in der alten Kirchenburg?» Seine Mutter blickte ihn prüfend an.

«Fledermäuse!», sagte da Antons Vater. «Habt ihr vergessen, wie uns die Burghüterin den Turm zeigen wollte und wie ihr euch geweigert habt mitzugehen, weil ihr Angst vor den Fledermäusen hattet?»

«Ich hatte keine Angst vor den Fledermäusen», stellte Anton richtig. «Ich fürchte mich nur vor Vampiren – vor bestimmten Vampiren!»

«Womit wir wieder bei deinem Lieblingsthema angekommen wären!», bemerkte seine Mutter gereizt.

Antons Vater schmunzelte. «Vielleicht sollte Anton doch in sein Zimmer gehen. Es ist auch schon ziemlich spät.»

«Danke, Vati!» Anton stand von seinem Stuhl auf.

«Willst du dich nicht von unseren Gästen verabschieden?», sagte seine Mutter.

«Doch.» Anton reichte zuerst Frau Kaas und dann Herrn Kaas die Hand, wünschte «Gute Nacht!» und verließ das Wohnzimmer.

Als er im Flur war, hörte er Frau Kaas fragen: «Waren Sie nicht nach Rumänien gefahren, weil Sie Anton von seiner Leidenschaft für Vampire abbringen wollten, Frau Bohnsack?»

«Das ist richtig», sagte seine Mutter.

«War es nicht sogar der Vorschlag eines Psychologen?», forschte Frau Kaas weiter.

«Ja», bestätigte Antons Vater. «Und die Reise war auch sehr erfolgreich. Das mit den Vampiren in der Kirchenburg hat Anton heute Abend nur gesagt, um sich wichtig zu machen. In Wirklichkeit ist er von dieser Vampirleidenschaft vollständig kuriert. Es war alles eine ganz normale Entwick-

lungsphase – die Vampirphase, wie man es heutzutage nennt.»

«Vampirphase?», wunderte sich Antons Mutter. «Der Ausdruck ist mir neu!»

«Vor ein paar Tagen habe ich einen Artikel darüber gelesen», erklärte Antons Vater. «Durch die Vampirphase gehen alle Kinder, stand in dem Artikel.»

Anton presste die Lippen zusammen.

Seine Freundschaft mit Rüdiger von Schlotterstein, dem kleinen Vampir, und seiner Schwester Anna sollte eine Entwicklungsphase gewesen sein? Das war das Lächerlichste, was er jemals gehört hatte!

«*Alle* Kinder nicht», sagte Frau Kaas. «Unsere Melanie hätte neben ihrem Klavierunterricht und ihren Reitstunden gar keine Zeit für eine solche Phase – von all ihren anderen Hobbys wie Batiken, Fotografieren und Tanzen einmal abgesehen!»

«Nein, Melanie hätte keine Zeit dafür», echote Herr Kaas.

«Hast du den Artikel aufgehoben, Robert?», fragte Antons Mutter. «Ich würde ihn gern einmal lesen.»

«Leider nicht», gestand Antons Vater. «Aber ich dachte, in diesem Haus wäre das Thema Vampire ein für alle Mal abgehakt.»

Abgehakt? Anton schüttelte entschieden den Kopf. Auch wenn der kleine Vampir mit seiner Familie nach Transsylvanien umgezogen war – für ihn würde das Thema Vampire nie abgehakt sein!

In seinem Zimmer öffnete er das Fenster. Ein kalter Wind

wehte ins Zimmer herein und ließ die Vorhänge flattern, aber sonst geschah nichts. Keine Gestalt im schwarzen Vampirumhang landete auf dem Fenstersims, keine Vampirzähne funkelten im Mondlicht, und keine heisere Stimme krächzte: «Hallo, Anton!»

Er ging zu seinem Nachttisch und nahm die Dose heraus, die er darin versteckt hatte. Vorsichtig machte er den Deckel auf. Ein modriger Geruch stieg ihm in die Nase. Antons Herz klopfte schneller. In der Dose befand sich Erde vom *Ort der Ruhe*, dem Heimatfriedhof der Familie von Schlotterstein!

Für die Vampire hatte diese Erde eine ganz besondere, geradezu heilige Bedeutung. Wann immer sie ihren alten Friedhof in Transsylvanien betraten, mussten sie ihrer Heimaterde die gebührende Ehre erweisen, indem sie *Edle Heimaterde hier, ergebenst grüßt dich dein Vampir!* sagten, hatte ihm der kleine Vampir erzählt.

Sogar von Anton hatte der kleine Vampir diese Ehrerbietung verlangt, als sie gemeinsam den *Ort der Ruhe* besucht hatten. Anton hatte den Gruß allerdings etwas abgewandelt ...

Er räusperte sich und leise sprach er: «Edle Heimaterde hier, ergebenst grüßt dich – der Freund vom kleinen Vampir!»

Angespannt wartete er. Doch nichts passierte. Er schloss den Deckel wieder und stellte die Dose in den Nachttisch zurück.

Dann legte er sich aufs Bett. Er seufzte. Die vergangenen drei Monate seit ihrer Rückkehr aus Rumänien waren die langweiligsten, ödesten Monate seines Lebens gewesen!

Vielleicht hätte er doch in Transsylvanien bleiben und gemeinsam mit dem kleinen Vampir, mit Anna und mit Lumpi bei Graf Dracula in die Lehre gehen sollen, wie es die Vampire an ihrem Abschiedsabend vorgeschlagen hatten? Über diesem Gedanken schlief Anton ein.

Eltern sprechen immer über ihre Kinder

Beim Frühstück am nächsten Morgen fragte Antons Mutter: «Und wie hat dir meine neue Kollegin gefallen, Frau Kaas?»

«Weiß nicht», brummte Anton.

«Irgendeine Meinung musst du doch haben!»

«Nein. Schließlich ist sie *eure* Freundin.»

«Man wird nicht gleich zu Freunden, indem man jemanden zum Abendessen einlädt», erwiderte seine Mutter. «Aber apropos Freunde: Solltest du nicht allmählich aus deinem Schneckenhaus herauskommen?»

«Aus welchem Schneckenhaus?»

«Vati und ich finden, dass du dich seit unserer Rückkehr aus Rumänien zu sehr von deinen Freunden und Altersgenossen absonderst.»

Anton zuckte mit den Schultern.

«Natürlich sind wir erleichtert, dass dein Interesse für Vampire nur eine Entwicklungsphase war», fuhr sie fort. «In der

Vergangenheit dachten wir manchmal, deine Begeisterung für alles Vampirische würde überhaupt nicht wieder aufhören. Und dann noch diese merkwürdigen Geschwister, die jetzt zum Glück weggezogen sind –»

«Zum Glück?», rief Anton empört. «Es ist überhaupt kein Glück. Ich bin total traurig, dass Rüdiger und Anna weggezogen sind!»

«Ja, ich weiß», sagte seine Mutter schnell. «Aber das ist kein Grund, sich hinter dem Ofen zu verkriechen.»

«Ich verkrieche mich nicht hinter dem Ofen», entgegnete Anton. «Und außerdem haben wir Zentralheizung», versuchte er einen Witz zu machen.

Niemand lachte. Seine Mutter ging an den Kühlschrank und schenkte sich ein Glas Orangensaft ein.

«Du solltest wirklich aktiver werden und mehr unternehmen, Anton», sagte sein Vater. «Das war auch die Meinung von Frau Kaas.»

«Ihr habt mit Frau Kaas über mich gesprochen?»

«Sicher. Eltern sprechen immer über ihre Kinder. Sie tauschen Erfahrungen aus, machen gegenseitig Vorschläge. Es ist keine leichte Aufgabe, in der heutigen Zeit Kinder großzuziehen, glaub mir!»

«Frau Kaas hatte jedenfalls einen tollen Vorschlag, was dich betrifft», sagte Antons Mutter.

«Ausgerechnet Frau Kaas?»

«Ja. Sie meint, du solltest zur Tanzstunde gehen!»

«Ich? Zur Tanzstunde?» Anton wäre fast vom Stuhl gefallen. «Nein, danke!»

«Und warum nicht?», wollte seine Mutter wissen.

«Dagegen gibt es tausend Gründe!»

«Dann fang mal an und nenn uns wenigstens *drei* überzeugende Gründe, weshalb du nicht zur Tanzstunde gehen möchtest!»

Anton setzte eine grimmige Miene auf. «Tanzstunde ist nur für Mädchen!»

«Unsinn», sagte seine Mutter. «Mit wem sollten die Mädchen in der Tanzstunde wohl tanzen, wenn nicht mit Jungen!»

«Ich kann aber gar nicht tanzen!»

«Eben. Deshalb sollst du es ja lernen.»

«Und ich ziehe kein weißes Hemd an! Und eine Krawatte binde ich erst recht nicht um!»

«Heutzutage musst du das auch nicht mehr», erwiderte Antons Mutter. «Melanie trägt zur Tanzstunde meistens Jeans, sagt Frau Kaas.»

«Die Tochter von den Kaas geht auch zur Tanzstunde?»

«Ja.»

«Na, wunderbar!»

«Wunderbar?», wiederholte Antons Vater. «Heißt das, wir haben dich überzeugt?»

«Nein. Es heißt: Ihr habt mir wunderbar den Sonntag verdorben!»

«Man sollte nie Dinge ablehnen, die man nicht kennt», sagte Antons Vater und schenkte sich Kaffee nach.

«Genau!», stimmte seine Mutter zu.

«Es gibt Dinge, die man gar nicht erst kennen lernen möchte!», entgegnete Anton.

«Selbstverständlich können wir dich nicht zwingen, an der

Tanzstunde teilzunehmen», sagte sein Vater. «Wir erwarten aber, dass du sie dir wenigstens einmal ansiehst und an einer Probestunde teilnimmst!»

«Die Tanzschule hat einen Namen, der dir gefallen wird», ergänzte seine Mutter. «Sie heißt Tanzschule Schwanenhals!»

Anton verzog gelangweilt die Mundwinkel, aber seine Eltern lachten wie über einen guten Witz.

«Und warum soll ich ausgerechnet in diese ... diese Tanzschule Hanenschwals gehen?» Anton verdrehte absichtlich den Namen.

«Schwanenhals!», korrigierte seine Mutter. «Weil Frau Kaas sie uns empfohlen hat – wärmstens empfohlen. Nach ihrer Auskunft sind die meisten Tanzschulen heute große, anonyme Institute. Sie verlangen überzogene Kursgebühren, bringen ihren Schülern aber fast nichts bei, sagt Frau Kaas. Herr Schwanenhals dagegen ist ein erfahrener Tanzlehrer, dem die Fortschritte seiner Schüler noch persönlich am Herzen liegen. Er kommt aus Schwerin und hat sich erst vor einem halben Jahr mit seiner Tanzschule hier niedergelassen. Wahrscheinlich ist das der Grund, weshalb seine Gebühren ausgesprochen günstig sind. Er nennt sich auch ‹Die *etwas andere* Tanzschule›. Das müsste dich mit deiner Vorliebe für alles Ungewöhnliche doch besonders ansprechen!»

Anton gab keine Antwort. Er nahm sich ein Roggenbrötchen und bestrich es mit Pflaumenmus.

«Aber vielleicht möchtest du dir verschiedene Tanzschulen ansehen, bevor du dich entscheidest?», fuhr seine Mutter fort.

«Nein», brummte er.

«Dann ist es abgemacht?», fragte sie.

«Abgemacht? Was?»

«Dass du an einer Probestunde in der Tanzschule Schwanenhals teilnimmst!»

«Kann ich auch nein sagen?»

«Nein.»

«Na gut, wenn ihr darauf besteht …»

«Ja, wir bestehen darauf!», sagte Antons Vater, und seine Mutter fügte hinzu: «Ich ruf gleich morgen in der Tanzschule Schwanenhals an.»

«Was? Morgen schon?», protestierte er.

«Frisch gewagt ist halb gewonnen!», antwortete sein Vater mit einem Augenzwinkern.

«Vielleicht solltest du mitkommen, Vati», sagte Anton wütend, weil *seine* Wünsche offenbar überhaupt nicht zählten. «In der Tanzschule Schwanenhals haben sie garantiert auch Tanzkurse für Senioren!»

Antons Mutter gab einen entrüsteten Laut von sich, aber sein Vater lachte gutmütig.

«Bei deinen kessen Sprüchen werden die Mädchen in der Tanzstunde nur so auf dich fliegen», meinte er.

«Ganz bestimmt nicht!», widersprach Anton.

Aber die Bemerkung seines Vaters hatte ihn auf eine Idee gebracht.

«Übrigens –», sagte er. «Ich weiß jetzt, was ich zur Probestunde anziehe.»

«Und das wäre?», fragte seine Mutter.

Er grinste. «Großes Geheimnis!»

Der Umhang von Onkel Theodor

Wie angedroht telefonierte Antons Mutter bereits am nächsten Tag mit Herrn Schwanenhals und vereinbarte einen Termin für den kommenden Mittwoch. Die «Schnupperstunde» – wie Herr Schwanenhals sie nannte – sollte um halb sechs beginnen.

Am Mittwoch um halb fünf klopfte Antons Mutter an seine Zimmertür. Draußen dämmerte es bereits.

«Bist du so weit, Anton?», rief sie. «Wir müssen losfahren!»

«Ich komme.» Mit einem breiten Grinsen öffnete er die Tür.

Über seinem schwarzen Rollkragenpullover und seinen schwarzen Jeans trug Anton den Umhang von Rüdigers verstorbenem Onkel Theodor.

Der kleine Vampir hatte ihm den Umhang als eine Art Erinnerungsstück überlassen. Natürlich war es ein *richtiger* Vampirumhang – einer, mit dem man fliegen konnte!

Seine Mutter versuchte zu lachen. «Mit dem zerlumpten Umhang willst du mich nur provozieren!»

«Überhaupt nicht. Aber du sagst immer: Unser ganzes Leben besteht aus Kompromissen.»

«Und was soll das mit dem scheußlichen Umhang zu tun haben?»

«Ein Kompromiss ist doch eine Einigung, bei der jede Seite Zugeständnisse machen muss. Stimmt's?»

«Richtig.»

«Und *ich* habe zugestimmt, zur Probestunde zu gehen, wohl ich eigentlich dagegen bin. Also musst *du* jetzt zust.... men, dass ich anziehen kann, was ich möchte. Das ist dann ein Kompromiss!»

«Und was später im Lehrerkollegium über mich geredet wird, interessiert dich wohl gar nicht, wie?», entgegnete sie.

«Was soll denn im Kollegium über dich geredet werden?»

«Dass Frau Bohnsack ihren Sohn im Vampirkostüm zur Tanzstunde gehen lässt!»

«Und wie sollen die im Kollegium davon erfahren?»

«Durch Melanie! Die wird ihrer Mutter erzählen, in welchem Aufzug du in der Tanzstunde erschienen bist. Und anschließend macht es die Runde bei mir im Lehrerzimmer.»

«Hm ... wenn das so ist, sollte ich vielleicht besser zu Hause bleiben», sagte Anton.

«Zu Hause bleiben?» Seine Mutter schnappte nach Luft. «Ach, das ist dein Plan: Du bestehst darauf, den Vampirumhang anzuziehen, weil du denkst, damit würdest du um die Probestunde herumkommen!»

Gegen seinen Willen musste Anton grinsen. Es war wirklich nicht einfach, seine Mutter zu überlisten!

Sie reckte sich. «In diesem Fall ist es mir egal, was sie im Kollegium über mich reden! Gehen wir!»

«Was, mit dem Vampirumhang?», fragte er ungläubig.

«Ja! Und ehrlich gesagt: Der Umhang ist dein Problem. *Dich* werden sie auslachen, nicht mich!»

Anton räusperte sich. «Also gut», lenkte er ein. «Dann zieh ich den Umhang wieder aus.»

Seine Mutter gab keine Antwort, sondern ging mit energischen Schritten zur Wohnungstür. Schnell versteckte Anton Onkel Theodors Umhang im untersten Fach seines Schranks, zog seine Windjacke über und folgte ihr.

Im Auto fragte sie: «Hatte ich dir schon gesagt, welches Motto die Tanzschule Schwanenhals hat?»

«Nein.»

«Ihr Motto lautet: Man braucht sie wie zum Ei das Salz: Die Tanzschule Schwanenhals!»

Fast hätte Anton losgeprustet. Er biss sich auf die Lippen.

«Ich wüsste, wie man das Motto noch verbessern könnte», sagte er. «Man braucht sie wie zum Ohr das Schmalz: Die Tanzschule Schwanenhals!»

Seine Mutter reagierte nicht. Wahrscheinlich war sie durch den starken Feierabendverkehr und die einsetzende Dunkelheit zu sehr abgelenkt und hatte nicht richtig zugehört.

«Es ist außerdem ein besonderes Anliegen von Herrn Schwanenhals, die deutsche Sprache zu pflegen», erzählte sie weiter, den Blick auf die Straße gerichtet. «In den meisten Tanzschulen wird inzwischen mehr Englisch als Deutsch gesprochen, sagt Herr Schwanenhals. Bei ihm heißt es noch *Tanzen* und nicht *dancing*, und ein *Schnellkurs* wird *Schnellkurs* genannt und nicht *Crash-Kurs*.»

«Mir gefällt Englisch!», erklärte Anton.

«Ich finde es aber nicht verkehrt, wenn man sich bemüht, das Alte zu pflegen und zu erhalten», antwortete seine Mutter.

«Für die Erhaltung des Alten bin ich auch», bemerkte er. «Weißt du noch, wie ich mich für die Erhaltung des alten Friedhofs eingesetzt habe, als der Friedhofswärter ihn platt walzen wollte?»

In dem hinteren, verwilderten Teil des Friedhofs hatten die Vampire derer von Schlotterstein in einer unterirdischen Gruft gewohnt, bevor sie nach Transsylvanien umgezogen waren.

«Können wir jetzt – bitte – von etwas anderem als Vampirumhängen und Friedhöfen sprechen?», fragte seine Mutter entnervt.

Sie hielt vor einer großen, altmodischen Villa. Hinter den

Fenstern im Erdgeschoss brannte kein Licht, aber im zweiten Stock war eine Reihe von Fenstern erleuchtet. Bestimmt war das die «Tanzschule Schwanenhals»!

Sie stiegen aus.

«Das mit den Vampirumhängen lässt sich einrichten», sagte Anton. «Aber mit dem Friedhof bin ich mir nicht ganz sicher ...»

«Und warum nicht?»

Anton zeigte auf die gegenüberliegende Straßenseite. Dort standen keine Häuser, sondern nur eine hohe Mauer. Sogar beim schwachen Licht der Straßenlaternen konnte man erkennen, dass die Mauer alt und verwittert war. «Da drüben *ist* der Friedhof!»

«Das glaube ich nicht», erwiderte seine Mutter. «Wer auf den Friedhof gehen will, muss völlig anders fahren.»

Ja, wer auf den Friedhof *gehen* will!, gab Anton ihr insgeheim Recht. Aber manche *flogen* auch auf den Friedhof! Womit er doch wieder bei den Vampirumhängen war ...

«Kommst du endlich?», fragte seine Mutter ungeduldig.

«Wieso? Es ist überhaupt noch keiner da!», sagte Anton.

In der Tat parkte außer ihrem Auto nur ein alter Volvo vor der Villa. Es war ein schwarzer Buckel-Volvo, eins von Antons Lieblingsautos.

«Und was ist mit dem Höcker-Volvo?», fragte seine Mutter.

«Es heißt Buckel-Volvo», verbesserte Anton. «Höcker sagt man beim Schwan. Aber der Volvo gehört Herrn Höckerhals – äh, Herrn Schwanenhals. Auf der Beifahrertür steht *Tanzschule Schwanenhals*.»

«Na bitte!», meinte sie. «Dann haben wir noch Zeit, in Ruhe ein paar Worte mit Herrn Schwanenhals zu wechseln!»

Sie ging auf die Villa zu, und Anton trottete hinterher.

Herr Schwanenhals

Die Villa musste früher einmal reichen Leuten gehört haben, dachte Anton.

Schon die Eingangstür war riesig und mit Schnitzereien verziert. Aber richtig beeindruckt war er, als sie die Villa betraten: Der Boden war mit weißem Marmor gefliest, eine geschwungene Treppe führte in den oberen Stock, und die Wände waren mit teuer aussehendem Holz vertäfelt.

Von der Eingangshalle gingen vier große, ebenfalls mit Schnitzereien verzierte Türen ab, die aber alle geschlossen waren. An zwei Türen waren Schilder angebracht. «W. Steinhaufen, Marketing» las Anton auf dem einen, «Claudia Stumm, Sprachtherapeutin» auf dem anderen Schild.

Zu der vornehmen Umgebung passte auch die Klaviermusik, die aus dem oberen Stockwerk kam.

«Das ist Mozart!», flüsterte Antons Mutter.

«Du kennst den, der da oben spielt?», tat Anton überrascht.

Wie von ihm vorausgesehen, sagte seine Mutter entrüstet: «Weißt du etwa nicht, dass Mozart seit mehr als zweihundert Jahren tot ist? Also kann er wohl kaum heute Abend hier sein und Klavier spielen!»

Anton hatte Mühe, ernst zu bleiben. «So? Ich kenne eine, die ist bestimmt schon dreihundert Jahre tot, und trotzdem spielt sie noch ganz prima Cembalo!»

Dabei dachte er an Rüdigers Großtante Brunhilde, die auf der Wiedervereinigungsfeier in Transsylvanien für die musikalische Begleitung gesorgt hatte.

«Nicht wieder *dieses* Thema – bitte!», zischte seine Mutter.

«Du hast damit angefangen», erwiderte er.

Sie warf ihm einen kühlen Blick zu und stieg die Stufen hinauf.

Im oberen Stockwerk war es nicht mehr so elegant. Die Holzdielen waren abgetreten, und die Tapeten sahen vergilbt und fleckig aus. Es gab zwei Türen, die aber keine Verzierungen oder Schnitzereien hatten.

«Tanzschule Schwanenhals – die etwas andere Tanzschule» stand an der Tür zur Linken. Obwohl die Tür angelehnt war, drückte Antons Mutter auf den Klingelknopf.

Die Musik brach ab. Gleich darauf erschien ein mittelgroßer Mann und begrüßte sie mit den Worten: «Herein, wenn es ein Schneider ist, haha!»

Er hatte silberblonde, seitlich gescheitelte Haare und trug einen dunkelblauen Anzug, ein hellblaues Hemd und eine schwarze Krawatte, auf die ein weißer Schwan gestickt war.

«Herr Schwanenhals?», fragte Antons Mutter.

«Derselbige steht vor Ihnen!», antwortete er. «Und Sie müssen Frau Bohnsack sein!»

Sie räusperte sich. «Ja.»

Er verbeugte sich und deutete einen Handkuss an. «Gnädige Frau, es ist mir eine Ehre!»

Zu Anton gewandt, fragte er: «Und das ist Ihr werter Herr Sohn?»

«Ja, das ist Anton», antwortete sie.

«Ein schöner Name!» Herr Schwanenhals lächelte. Er hatte strahlend weiße Zähne wie aus der Zahnpastareklame.

«Finden Sie?», sagte Anton.

«Ja! Haben Sie nicht von Ihrem Namensvetter gehört, dem heiligen Antonius von Padua?»

«Nein.»

«Er las bei seinem Heiligenschein oft tief bis in die Nacht hinein, haha!»

«So?», sagte Antons Mutter – unsicher, ob sie darüber lachen sollte.

Anton grinste. «Das gefällt mir. Wissen Sie, ich lese auch gern im Bett. – Vampirgeschichten!», fügte er hinzu.

«Wo sollte man die auch sonst lesen?», meinte Herr Schwanenhals. «Und Sie sind heute zu einer Schnupperstunde hergekommen, Anton?»

«Ich? Ähm, eigentlich war es die Idee meiner Mutter. Und Sie können ruhig *du* zu mir sagen.»

«O nein! In der Tanzschule Schwanenhals sagen wir alle *Sie* zueinander, das fördert die gegenseitige Achtung. Aber kommen Sie doch herein! Der Wind bläst uns im Leben schon scharf genug ins Gesicht, da müssen wir nicht auch noch im Durchzug stehen, haha!»

«Danke.» Antons Mutter betrat den Vorraum.

«Falls Sie sich Ihrer Garderobe entledigen möchten …»
Herr Schwanenhals zeigte auf einen altmodischen Kleider-
ständer.

«Sehr gern.» Antons Mutter hängte ihren Mantel auf.

«Und was ist mit dir? Willst du deine Jacke nicht auszie-
hen?», fragte sie Anton.

«Später», antwortete er.

Sie kamen in einen Saal, dessen Wände mit Schwänen be-
malt waren. Ein Gemälde sollte offenbar einen singenden
Schwan darstellen, denn aus seinem Schnabel kamen No-
ten, was Anton ziemlich kitschig fand. Die Wände wurden
von Strahlern beleuchtet, die unter der Decke angebracht
waren. Der Saal hatte einen Parkettfußboden, und in der
Mitte befand sich eine mit Spiegeln verkleidete Säule. Bis
auf zwei Stuhlreihen und ein Klavier war er leer.

«Die Klaviermusik, die wir eben gehört haben –», sagte Antons Mutter. «Das war Mozart, nicht wahr?»

Herr Schwanenhals machte eine bekümmerte Miene. «Zu
meiner Schande muss ich gestehen: Es handelte sich um ein
Stück von Chopin, gnädige Frau.»

«Zu *Ihrer* Schande? Aber es war doch mein Fehler!»

«Nein, es war mein Fehler. Da Sie innerlich auf Mozart ein-
gestellt waren, hätte ich Mozart spielen müssen!»

Antons Mutter lachte verlegen.

«Gestatten Sie, dass ich meinen Fehler berichtige!» Mit federnden Schritten ging Herr Schwanenhals ans Klavier. Er
setzte sich auf den Klavierhocker und begann «Eine kleine
Nachtmusik» zu spielen.

«Herr Schwanenhals ist gar nicht so übel, wie ich dachte»,

sagte Anton leise zu seiner Mutter. «Die tolle Gegend, die er sich für seine Tanzschule ausgesucht hat, sein schwarzer Buckel-Volvo, seine Bemerkung, dass man Vampirbücher am besten im Bett liest, und jetzt auch noch die Kleine Nachtmusik ... Ich finde, er hat sich wirklich den passenden Namen ausgesucht!»

Darf ich bekannt machen?

In diesem Augenblick kamen vier Mädchen in den Saal gelaufen.

«Guten Abend, Herr Schwanenhals!», riefen sie im Chor.

«Guten Abend, meine Damen!», antwortete Herr Schwanenhals.

Damen ... Anton biss sich auf die Lippen. Die vier waren ungefähr so alt wie er.

Zwei sahen aus wie Zwillinge. Sie hatten rotblonde lockige Haare und trugen weiße Pullover und schwarze Hosen. Die beiden anderen waren eine große Blonde mit einem Pferdeschwanz und eine zierliche Dunkelhaarige mit ungewöhnlich großen grünen Augen.

Sie blieben vor dem Klavier stehen. Herr Schwanenhals erhob sich.

«Darf ich bekannt machen?», sagte er. «Unser Gast für die heutige Tanzstunde, der junge Herr Anton in Begleitung

seiner werten Mutter, Frau Bohnsack! Die jungen Damen sind Cindy, Mindy, Leonore und Melanie!»

Anton musterte die Dunkelhaarige. Konnte sie die Tochter von Frau Kaas, der Kugelstoßerin, sein?, überlegte er. Natürlich hätte er sie nie direkt darauf angesprochen, noch dazu vor all den anderen.

Doch seine Mutter fragte plump: «Bist du Melanie Kaas, und ist deine Mutter Lehrerin?»

Am liebsten wäre Anton im Boden versunken!

Die Dunkelhaarige errötete. «Ja.»

«Du musst dich nicht immer in alles einmischen!», flüsterte Anton seiner Mutter zu.

«Wieso soll das *einmischen* sein?», erwiderte seine Mutter, ebenfalls flüsternd. «Frau Kaas ist schließlich meine Kollegin!»

«Wollen Sie unsere Gäste nicht begrüßen?», wandte sich Herr Schwanenhals an die vier Mädchen.

«Hallo, Frau Bohnsack! Hallo, Anton!», riefen sie.

«Hallo!», antwortete Antons Mutter.

«Hi!», sagte Anton.

«Entschuldigen Sie, wenn ich Sie kritisiere», meldete sich Herr Schwanenhals zu Wort. «Aber in meiner Tanzschule haben wir es uns zur Aufgabe gemacht, keine Fremdwörter zu verwenden – vor allem keine englischen. Würden Sie so nett sein und die jungen Damen auf Deutsch begrüßen?»

«Und wie?»

«Wünsch einfach guten Abend!», flüsterte Antons Mutter.

«Du brauchst mir nichts vorzusagen», knurrte er.

«Wenn du meinst. Ich wollte dir nur helfen.» Seine Mutter ging zu den Stühlen am Fenster und setzte sich.

Anton reckte sein Kinn. «Grüezi!», schmetterte er.

Die Mädchen brachen in heftiges Gekicher aus.

Herr Schwanenhals verzog keine Miene.

«Der Ausdruck Grüezi kommt zwar aus dem deutschen Sprachraum, genauer gesagt, aus der Schweiz. Dennoch würden wir dieses Wort nicht verwenden. Wir bevorzugen guten Abend oder –»

Er wurde von lautem Stimmengewirr unterbrochen.

Offenbar erschien nun der Rest seiner Tanzstundenschüler. Anton zählte sechs Mädchen und sieben Jungen, die nacheinander den Saal betraten. Ihnen folgten vier Erwachsene, drei Frauen und ein Mann. Sie wechselten ein paar Worte mit Herrn Schwanenhals und verschwanden in einem angrenzenden Raum. Von dort aus konnte man das Geschehen im Saal durch eine Glasscheibe verfolgen.

Nur Antons Mutter schien entschlossen zu sein, auf ihrem Stuhl am Fenster auszuharren. Wahrscheinlich will sie mittanzen!, dachte Anton.

Allein bei der Vorstellung bekam er rote Ohren.

Herr Schwanenhals räusperte sich. «Frau Bohnsack? Würden Sie wohl die Freundlichkeit besitzen und sich zu den anderen Eltern in unserer Kaffeestube gesellen?»

Anton fürchtete, seine Mutter würde ihn noch mehr bloßstellen, indem sie antwortete, dass sie um diese Tageszeit keinen Kaffee mehr trank. Zu seiner Erleichterung sagte sie: «Selbstverständlich», und ging.

«Und Sie darf ich bitten, sich für unser Lied zusammenzu-
finden, meine jungen Herrschaften!» Herr Schwanenhals
blickte in die Runde.

Die zehn Mädchen und die sieben Jungen stellten sich im
Kreis auf und fassten sich bei den Händen.

«Würden Sie auch dazukommen, Anton?», bat Herr
Schwanenhals.

Anton stellte sich zwischen zwei Jungen, einen dicken Blonden und einen dünnen Schwarzhaarigen.

Herr Schwanenhals setzte sich ans Klavier und schlug ein
paar Takte an.

Dann verfiel die Gruppe in eine Art Sprechgesang:

> Wo lernt man Walzerschritte,
> wo sagt man Danke und Bitte,
> wo fühlt man sich zu Hause
> bei Saft und auch bei Brause,
> wo wird sogar ein Trauerkloß
> die traurigen Gedanken los?
> Man braucht sie wie zum Ei das Salz:
> die Tanzschule Schwanenhals!

«Wunderbar!», lobte Herr Schwanenhals. «Und weil es so
schön war, bitte noch einmal, meine Herrschaften!»

Die Gruppe begann aufs Neue. Diesmal sprach auch Anton
mit. Bei der vorletzten Zeile sagte er: «Man braucht sie wie
zum Ohr das Schmalz, die Tanzschule Schwanenhals!» –
aber so leise, dass es seiner Ansicht nach im allgemeinen Ge-
murmel unterging.

Doch Melanie, die neben dem dicken Blonden stand, hatte es anscheinend gehört, denn sie sah zu Anton herüber und lachte.

Herr Schwanenhals erhob sich von seinem Klavierhocker. «Und nun, meine Herrschaften, wollen wir mit der Stunde beginnen!»

Die Mädchen liefen zu den Stühlen am Fenster. Die Jungen nahmen ihnen gegenüber auf der anderen Seite des Saals Platz. Nach kurzem Zögern setzte Anton sich zu den Jungen.

«Als Erstes wollen wir unserem Gast eine klare Einführung geben», kündigte Herr Schwanenhals an. «Wie nennt sich der Tanz, den wir lernen?»

«Walzer», lautete die mehrstimmige Antwort.

«Lernen wir auch noch andere Tänze, oder beschränken wir uns auf den Walzer?»

«Wir beschränken uns auf den Walzer.»

«Und warum beschränken wir uns auf den Walzer?»

«Weil es besser ist, *eine* Sache richtig zu können als *zehn* Sachen oberflächlich.»

«Hervorragend! Und damit kommen wir zum praktischen Teil der Stunde», erklärte Herr Schwanenhals. «Haben Sie zu dem bisher Gehörten eine Frage, Anton?»

«Ja», bestätigte Anton. «Ist *praktisch* nicht ein Fremdwort? Sie haben gesagt, in ihrer Tanzstunde werden nur deutsche Ausdrücke benutzt.»

Einige kicherten.

«Ganz recht.» Herr Schwanenhals hüstelte. «Ich sollte besser sagen: Damit kommen wir zum *tätigen* Teil der Stunde!

Und das heißt, wir wollen uns auf der Tanzfläche versammeln und unsere Walzerschritte üben!»

Das «uns» bezog sich anscheinend nicht auf Herrn Schwanenhals, denn er setzte sich ans Klavier und begann, Walzermusik zu spielen. Die Jungen und Mädchen verließen ihre Plätze, bis auf Anton.

Walzerschritte

«Darf ich bitten?» Plötzlich stand Melanie vor Anton.

«Ich – äh – weiß gar nicht, wie man Walzer tanzt», stotterte er.

«Ich zeig es dir!», antwortete sie.

Anton folgte ihr in die Saalmitte.

«Du musst deine rechte Hand unter mein linkes Schulterblatt legen», begann sie mit ihrer Unterweisung.

Anton sah sich um. Aber von den übrigen Paaren schien sich niemand für sie zu interessieren, und so legte er seine rechte Hand auf Melanies Rücken, unter ihr Schulterblatt.

«Ja, so!» Sie lächelte ihm zu. «Und nun hebst du deinen linken Arm und ergreifst meine rechte Hand ... genau! Und jetzt musst du deinen rechten Fuß schräg vorwärts zwischen meine Füße stellen und eine kleine Drehung nach rechts machen. Deinen linken Fuß stellst du zur Seite, und dann schließt dein rechter Fuß zum linken!»

«Mein rechter? Zum linken?» Beinahe hätte Anton das Gleichgewicht verloren.

«Für den Anfang war das schon sehr gut», lobte Melanie.

Beim zweiten Mal ging es deutlich besser. Und beim dritten Mal, als Melanie ihm den Tipp gab, er könnte leise «vor – drehn – Schluss» mitzählen, machte ihm das Tanzen fast Spaß.

«Und nun drehst du deinen linken Fuß schräg rückwärts nach rechts», sagte sie. «Den rechten Fuß stellst du seitwärts, schließt mit dem linken Fuß zum rechten, machst eine halbe Rechtsdrehung … Wenn du willst, kannst du ‹rück – drehn – Schluss› mitzählen. Was ist, Anton?»

Er gab keine Antwort. Während er die halbe Rechtsdrehung gemacht hatte, waren die Fenster in sein Blickfeld gekommen. Und hinter einem der Fenster hatte er ein kleines, schneeweißes Gesicht gesehen. Es war Anna von Schlotterstein gewesen, daran zweifelte er keine Sekunde!

«Warum bist du denn mitten in der Drehung stehen geblieben?», fragte Melanie.

«Warum?» Anton ließ die Arme sinken. «Weil ich nicht tanzen kann!»

«Du tanzt schon ganz toll!», widersprach Melanie. «Komm, wir üben weiter. Du hebst deinen linken Arm und ergreifst meine rechte Hand …»

Verstohlen blickte Anton zu dem Fenster, durch das Anna in den Saal gespäht hatte. Doch diesmal sah er sie nicht.

«Jetzt stellst du deinen rechten Fuß schräg vorwärts zwischen meine Füße! Dabei machst du eine kleine Drehung nach rechts. Deinen linken Fuß …»

Was Melanie weiter sagte, hörte Anton nur wie aus großer Ferne.

Seine Gedanken kreisten um Anna. Konnte es sein, dass sie und ihre Familie Transsylvanien verlassen hatten und in ihre alte Gruft auf dem Friedhof zurückgekehrt waren? Aber was war dann aus der Lehrzeit der drei Vampirkinder bei Graf Dracula geworden?

«Aua! Das ist *mein* Fuß!», rief Melanie.

Anton zuckte zusammen. Offenbar war er Melanie nicht zwischen, sondern auf die Füße getreten.

«Tut mir Leid», sagte er.

«Ist nicht so schlimm», antwortete sie.

«Vielleicht sollte ich eine Pause einlegen», murmelte er.

«Schon?»

«Mir ist irgendwie komisch.»

«Du siehst auch ganz blass aus!»

«Das kommt wahrscheinlich von den vielen Drehungen.»

Melanie lächelte mitfühlend. «Wir können ja später nochmal tanzen.»

Anton nickte. Er ging zu seinem Stuhl und setzte sich.

Ihm war wirklich komisch. Aber das lag nicht an den Drehungen, sondern an dem völlig unerwarteten Auftauchen von Anna. Und natürlich machte Anton sich Sorgen, wie es auf Anna gewirkt haben mochte, dass er mit einem anderen Mädchen tanzte ...

Als Herr Schwanenhals dann auch noch «Wiener Blut» anstimmte, Annas Lieblingswalzer, wäre Anton am liebsten von seinem Stuhl aufgesprungen und zum alten Friedhof gelaufen. Doch mit seiner Mutter im Nebenraum war daran überhaupt nicht zu denken!

Endlich erhob sich Herr Schwanenhals und kündigte an, es sei nun Zeit für den abschließenden Schwanentanz.

Melanie ließ den rothaarigen Jungen stehen, mit dem sie getanzt hatte und kam zu Anton.

«Beim Schwanentanz musst du einfach mitmachen!», drängte sie.

Anton warf einen raschen Blick hinüber zu dem Fenster, hinter dem er eben Anna gesehen hatte. Als er sie nicht entdeckte, stand er auf.

Melanie fasste ihn bei der Hand und zog ihn auf die Tanzfläche.

«Beim Schwanentanz stellen wir uns vor, wir wären Schwäne», erklärte sie. «Ist das nicht lustig?»

«Lustig? Wie man's nimmt ...»

Herr Schwanenhals griff kräftig in die Tasten, und diesmal sang er auch dazu:

«Schwa-Schwa-Schwanentanz,
wir wackeln alle mit dem Schwanz.
Wir schütteln das Gefieder
und hüpfen auf und nieder.
Wir machen unsern Hals ganz lang
und gehn umher im Watschelgang.»

Anton kam sich reichlich albern vor. Aber da das Ende der Tanzstunde unmittelbar bevorstand, wackelte er mit den Hüften, schüttelte sich, hüpfte auf und ab, machte seinen

Hals lang und ging im Watschelgang, genau wie die anderen.

«Und damit, meine jungen Herrschaften, sind wir am Schluss unserer heutigen Tanzstunde angelangt», verkündete Herr Schwanenhals. «Ich danke für Ihr Interesse!»

«Auf Wiedersehen, Herr Schwanenhals!», riefen die Mädchen und Jungen, bevor sie lachend und sich gegenseitig schubsend zum Ausgang liefen.

«Auf Wiedersehen! Und nicht so stürmisch, meine Damen und Herren!», rief Herr Schwanenhals ihnen hinterher.

«Und Sie, Anton ...», sagte Herr Schwanenhals. «Würden Sie mir noch einen Augenblick Ihrer Zeit schenken?»

«Wir ... äh ... haben es ziemlich eilig», erwiderte Anton.

«Warum sollten wir es eilig haben?», fragte da seine Mutter, die inzwischen aus der Kaffeestube gekommen war.

«Musst du Vati kein Abendbrot machen?» Natürlich konnte Anton nicht zugeben, dass er wegen Anna schnell nach Hause wollte.

Seine Mutter sah ihn mit gerunzelter Stirn an. «Vati ist alt genug, um sich selbst Abendbrot zu machen!»

«Dann darf ich Sie jetzt fragen, ob Ihnen die Schnupperstunde gefallen hat?», wandte sich Herr Schwanenhals an Anton.

«Jaa ...», sagte Anton gedehnt.

«Und denken Sie daran, den Tanzlehrgang fortzusetzen? Wie Ihnen wahrscheinlich aufgefallen ist, sind wir zehn Damen, aber nur sieben Herren. Die Teilnahme eines weiteren jungen Herrn, tanzbegeistert wie Sie, Anton, würde den Tanzlehrgang außerordentlich bereichern!»

«Tanzbegeistert? Ich?»

«Beim Schwanentanz warst du der Eifrigste!», erklärte Antons Mutter.

«Ja, weil es der letzte Tanz war!», knurrte er.

«Ich glaube, Anton muss die Erlebnisse des heutigen Abends erst einmal in Ruhe auf sich wirken lassen. Und dann, wenn der Schock des Neuen überwunden ist ...»

Sie sprach nicht weiter, sondern lächelte viel sagend.

«Was dann?», fragte Anton argwöhnisch.

«Ich rufe Sie an, Herr Schwanenhals!», sagte sie. «Und herzlichen Dank, dass wir an einer Schnupperstunde teilnehmen durften!»

«Nichts zu danken», antwortete Herr Schwanenhals mit einer Verbeugung. «Es war mir ein Vergnügen, Ihre Bekanntschaft gemacht zu haben!»

«Und wie hat dir Melanie gefallen?», fragte Antons Mutter, als sie im Auto saßen.

«Ich finde sie okay», antwortete er.

«Habt ihr euch denn etwas näher kennen gelernt?», wollte sie wissen.

«Was meinst du mit näher?»

«Ihr habt euch bestimmt auch über private Dinge unterhalten!»

«Kein Wort.»

«Das überrascht mich aber!»

«Mich nicht», sagte Anton. «Ich schätze, ich bin nicht ihr Typ.»

«Im Gegenteil!», erwiderte seine Mutter. «Ich hatte das Gefühl, dass Melanie ... nun ...» Sie warf Anton einen raschen Seitenblick zu. «Ich hatte das Gefühl, dass Melanie richtig verliebt in dich war!»

«Mutti!», protestierte Anton.

«Doch, wirklich», sagte sie ganz ernst. «Und es ist ja auch nichts Schlimmes, oder?»

Anton hatte einen roten Kopf bekommen.

«Vor allem dann nicht, wenn es sich um ein so reizendes,

wohlerzogenes Mädchen wie Melanie handelt», fuhr seine Mutter fort. «Und ungewöhnlich hübsch ist sie auch noch! Ihr dunkles Haar, die großen Augen ...»

«Mutti, bitte!», protestierte Anton noch einmal.

«Jedenfalls denke ich, dass du allmählich im richtigen Alter für eine Freundin bist, oder?»

«Ich habe eine Freundin!»

«So?»

«Ja, Anna! Für mich heißt es nicht: Aus den Augen, aus dem Sinn!»

«Ein Junge kann doch auch zwei Freundinnen haben.»

«Damit wäre Anna bestimmt nicht einverstanden!»

«Mag sein. Aber Anna ist schließlich weit weg.»

«Das glaubst du ...», sagte Anton; allerdings so leise, dass seine Mutter es nicht hörte.

Zu Hause wartete Antons Vater bereits mit dem Abendessen auf sie. Es gab Kartoffelsalat mit Würstchen, eins von Antons Lieblingsgerichten. Doch heute behauptete er, keinen Appetit zu haben.

«Du hast keinen Appetit auf Würstchen und Kartoffelsalat?», wunderte sich sein Vater.

«Nein», sagte Anton.

«Möchtest du etwas anderes essen?»

«Auch nicht.»

Sein Vater schüttelte ungläubig den Kopf. «Du müsstest doch einen Bärenhunger nach der Tanzstunde haben!»

«Dass Anton nichts essen will, muss einen anderen Grund haben», bemerkte seine Mutter. «Bist du etwa mit deinen Hausaufgaben noch nicht fertig, Anton?»

«Na ja ...» Er druckste absichtlich herum. «Ich muss noch eine Geschichte im Lesebuch durcharbeiten.»

«Etwa für morgen früh?», fragte sie empört.

«Ja.»

«Konntest du das nicht vor der Tanzstunde machen?»

Anton hatte Mühe, nicht zu lachen. «Doch», tat er kleinlaut. «Ich hab's bloß vergessen.»

«Dann solltest du ganz schnell in dein Zimmer gehen!», sagte sie. «Und wenn du willst, darfst du dein Essen ausnahmsweise einmal mitnehmen!», fügte sie hinzu.

Anton füllte einen Teller mit dem leckeren Kartoffelsalat, nahm sich ein Paar Bockwürstchen, zwei hart gekochte Eier, eine Banane und ein großes Glas Milch – möglicherweise trank Anna doch noch Milch! – und stellte alles auf ein Tablett.

Auf dem Weg in sein Zimmer dachte Anton, dass sein Vater Recht hatte: Nach der Tanzstunde bekam man tatsächlich einen Bärenhunger!

Vor seiner Zimmertür blieb er stehen und horchte. Aber er hatte das Fenster geschlossen, bevor er zur Tanzstunde aufgebrochen war, fiel ihm ein. Anna konnte also nur draußen auf dem Fenstersims sitzen!

Er machte seine Zimmertür hinter sich zu und blickte zum Fenster. Die Vorhänge waren offen, doch er sah nur den Nachthimmel. Ohne das Deckenlicht einzuschalten, ging er zum Schreibtisch. Dort stellte er das Tablett ab und drehte den Schirm seiner Schreibtischlampe zur Wand, ehe er Licht machte. Mit Herzklopfen trat er ans Fenster und öffnete es.

Ein heiseres Gelächter ertönte und dann ... schwebte der kleine Vampir ins Zimmer!

Zwitterwesen

«Hallo, Anton!», krächzte der kleine Vampir. «Tolle Überraschung, wie?» Anton holte tief Luft. «Das kann man wohl sagen!»
Der kleine Vampir schien ganz der Alte zu sein: Seine Haare standen ihm wild und wüst vom Kopf ab, er hatte dunkle Schatten unter den Augen, und sein Gesicht war totenbleich. Wie gewöhnlich trug er seine schwarzen Wollstrumpfhosen und den löchrigen, nach Moder und Sargluft riechenden Vampirumhang.
«Bist du frei?», fragte er.
«Frei?», wiederholte Anton.
«Ja, frei für ein paar nächtliche Abenteuer! Du kannst dir nicht vorstellen, wie sehr ich alles hier vermisst habe: den netten alten Friedhof, unsere gemütliche Gruft Schlotterstein, dich ...»
«Ich hab dich auch vermisst», gestand Anton.
«Ehrlich?» Der kleine Vampir lächelte geschmeichelt.
«Ehrlich!»
«Du bist eben doch ein echter Freund!», seufzte der Vampir.
Dabei schielte er auf Antons Hals.

Anton räusperte sich. «Und wann seid ihr zurückgekommen?»

«Gestern Nacht. Eigentlich wollte ich mich gleich bei dir melden. Aber dann war ich doch zu erschöpft.»

«Und eure Lehrzeit bei Graf Dracula? Ist die schon zu Ende?»

«Der Hölle sei Dank!»

«Der Hölle sei Dank?», sagte Anton betroffen. «War es so schlimm?»

«Schlimmer!», antwortete der kleine Vampir mit Grabesstimme. «Für Anna, Lumpi und mich hatte Dracula nicht das kleinste Bisschen Verständnis. Wenn du wüsstest, was für verstaubte Ansichten er hat – allerfinsterstes Mittelalter! Aber die Welt *hat* sich verändert in dem halben Jahrtausend, seit Dracula Vampir wurde!» Er ballte seine Fäuste. «Am meisten Ärger gab es natürlich mit Anna», fuhr er nach einer kurzen Pause fort. «Sie hat Dracula einen Ober-Pascha genannt, stell dir das vor! Die beiden hatten Tag und Nacht Streit!»

«Tagsüber auch? Im Sarg?»

«Sogar im Sarg!», bestätigte der kleine Vampir. «Durch die Sargdeckel hindurch haben sie sich noch gestritten. Anna war es schließlich, die Dracula so genervt hat, dass er uns drei in Vampir-Unehren entlassen hat. Jetzt ist unsere ganze Familie von Schlotterstein gebannt – bis Dracula uns vergeben hat.»

«Und nun seid ihr alle wieder hier, in eurer alten Gruft?»

«Alle nicht. Meine Großeltern, Sabine die Schreckliche und Wilhelm der Wüste und meine Eltern, Hildegard die Durstige und Ludwig der Fürchterliche, sind noch in Transsylvanien. Sie wollen Dracula umstimmen. Ha, damit werden sie keinen Erfolg haben! Dracula ist viel zu starrköpfig!»

«Und Tante Dorothee?», fragte Anton.

«Die ist mit uns zurückgekommen», antwortete der kleine Vampir. «Dem Familienrat hat sie erzählt, dass sie zwei wachsame Augen auf uns haben will. Aber das ist nicht der wahre Grund.»

«Nicht?», sagte Anton voller Unbehagen.

Tante Dorothee war der gefährlichste, blutrünstigste Vampir der gesamten Sippe von Schlotterstein!

Der kleine Vampir kicherte. «Sie hat sich in Dracula verliebt!»

«Dann hätte sie doch erst recht in Transsylvanien bleiben müssen», meinte Anton.

«Sie will ja auch zurückfliegen – sobald sie ihre Verjüngungskur erfolgreich abgeschlossen hat!»

«Ihre Verjüngungskur?»

«Ja. Dracula findet sie zu alt, obwohl er dreihundert Jahre älter ist als sie! Anna sagt, diese Einstellung wäre typisch für einen Ober-Pascha. Aber Tante Dorothee hört auf niemanden. Sie behauptet, Anna wäre nur eifersüchtig. Einen Vorteil hat Tante Dorothees Verjüngungskur aber für uns: Ihr bleibt kaum Zeit, sich um uns zu kümmern! Als ich eben aus der Gruft abflog, hatte sie sich gerade eine neue Gesichtsmaske aus schwarzer Friedhofserde aufgelegt, die bis Mitternacht einwirken soll.» Er schaute auf den Wecker neben Antons Bett. «Wir haben also vier ungestörte Stunden vor uns!»

«Ich kann jetzt nicht mit dir fliegen», sagte Anton.

Die Augen des Vampirs wurden zu schmalen Schlitzen. «Hast du etwa den Umhang von Onkel Theodor nicht mehr?»

«Wofür hältst du mich?», erwiderte Anton würdevoll. «Klar hab ich den Umhang! Er ist sicher versteckt bei mir im Schrank!»

«Ach, dann musst du vorher diese grässlichen Sachen da essen!» Der kleine Vampir zeigte auf Antons Teller. «Brrr, Würstchen ... Weißt du nicht, womit die gefüllt sind?»

«Womit denn?»

«Mit totem Fleisch, pfui! Man soll sich von Lebendigem, Frischem ernähren, lernt ihr das nicht in der Schule?»

«Das Lebendige, Frische, von dem *ihr* euch ernährt, finde ich auch nicht sehr appetitlich!», entgegnete Anton. «Ehrlich gesagt ziehe *ich* Würstchen vor!»

47

«Das kann sich noch ändern ...», antwortete der kleine Vampir mit einem hinterhältigen Grinsen.

«Stimmt! Vielleicht werde ich eines Tages Vegetarier und esse überhaupt kein Fleisch mehr!»

«Und dann sagst du: Mein Name ist Hase!» Der kleine Vampir lachte meckernd.

Anton gab keine Antwort. Stattdessen nahm er einen großen Schluck von der Milch.

«Uah ...», stöhnte der kleine Vampir. «Kannst du dir vorstellen, dass Anna wieder versucht, Milch zu trinken? Und rate mal, weshalb!»

«Keine Ahnung.»

«Deinetwegen!»

«Meinetwegen?»

«Ja! Seit sie dich kennt, ist sie kein richtiger Vampir mehr, sondern ein Vampinsch!»

«Und was ist das?»

«Ein Vampinsch ist ein Zwitterwesen, halb Vampir, halb Mensch!»

«So etwas gibt es?»

«Sicher. Du bist doch auch einer!»

«Ich bin kein Vampinsch!», wies Anton die Unterstellung zurück. «Ich bin ein Mensch – und zwar hundertprozentig!» Er hustete ein paar Mal. «Und was Anna betrifft, die hab ich vorhin in der Tanz-» Anton brach ab, denn in diesem Augenblick näherten sich Schritte vom Flur.

Dann erklang die Stimme seiner Mutter: «Anton? Hast du schon aufgegessen?»

«Nein!», rief er.

Der kleine Vampir sprang aufs Fensterbrett. «Ich komm nachher nochmal vorbei», sagte er. Mit diesen Worten flog er davon.

Sturmerprobt

«Anton?» Seine Mutter öffnete die Tür und spähte ins Zimmer. «Dein Fenster steht offen? Bei dieser Kälte? Und wieso riecht es hier drinnen so angebrannt?»

«Deswegen hab ich es ja geöffnet!», antwortete er. «Von dem vielen Tanzen heute haben mir richtig die Socken gequalmt.»

«Dann hättest du nicht das Fenster aufmachen, sondern die Socken wechseln sollen», erwiderte sie und schloss das Fenster.

Ihr Blick fiel auf das Tablett. «Du hast dein Essen ja gar nicht angerührt!»

«Ich hatte noch keine Zeit dazu.»

«Musstest du dermaßen viel für die Schule vorbereiten?»

«Äh – ja.»

«Beim nächsten Mal machst du deine Hausaufgaben aber vorher!»

«Beim nächsten Mal? Wohl kaum ...»

«Was soll das heißen?»

«Ich glaube nicht, dass ich nochmal in die Tanzschule Schwanenhals gehe», antwortete er.

«Darüber sprechen wir morgen», sagte sie. «Solche Entscheidungen sollte man nicht fällen, wenn man todmüde ist.»

«Todmüde?», wiederholte Anton.

Im Prinzip fühlte er sich noch ziemlich fit. Aber es war bestimmt nicht verkehrt, für den nächtlichen Ausflug mit dem kleinen Vampir schon ein wenig vorzuschlafen!

«Du hast Recht, ich bin wirklich müde.» Anton gähnte demonstrativ. «Am besten gehe ich ins Bett.»

Er aß sein Abendbrot, danach wusch er sich, putzte die Zähne und sagte seinen Eltern gute Nacht.

Doch als er im Bett lag, konnte er nicht einschlafen, weil er ständig an die Vampire denken musste.

Anna und Rüdiger waren tatsächlich in die Gruft Schlotterstein zurückgekehrt ... und er hatte schon beinahe alle Hoffnung aufgegeben, die beiden jemals wieder zu sehen!

Er sah Annas schneeweißes Gesicht vor sich, wie sie zu ihm in den Tanzsaal gespäht hatte. Obwohl er sich nichts vorzuwerfen hatte, spürte er Gewissensbisse. Anna war so empfindlich und so leicht zu verletzen!

Anton dachte auch an die Lehrzeit der drei Vampirkinder bei Graf Dracula, an Graf Draculas altmodische Ansichten und an die Streitereien, die Anna mit ihm gehabt hatte. Den Urvater aller Vampire einen *Oberpascha* zu nennen, das brachte nur Anna die Mutige fertig!

Und durch die Lehrzeit war aus dem kleinen Vampir *kein* blutrünstiges Scheusal geworden, im Gegenteil: Der kleine Vampir war heute Abend richtig nett, ja fast ... menschlich gewesen!

Schließlich stellte Anton sich Graf Dracula und Tante Dorothee als Vampir-Pärchen vor. In seinen Augen passten die beiden zusammen wie Topf und Deckel – nein, wie Sarg und Sargdeckel! Nur schade, dass Graf Dracula diese Ansicht nicht teilte, denn sonst wäre Tante Dorothee gleich bei ihm in Transsylvanien geblieben.

Um kurz nach zehn gingen seine Eltern ins Bett, aber Anton war noch immer wach. Er wartete, bis es in der Wohnung ganz still geworden war. Dann stand er auf, schlich zu seiner Zimmertür und drehte den Schlüssel herum. Anschließend zog er seinen dicken Wollpullover, Jeans, Socken und Turnschuhe an und legte sich aufs Bett.

Kurze Zeit später hörte er ein Klopfen an seiner Fensterscheibe. Er lief zum Fenster und schob die Vorhänge zur Seite. Draußen saß der kleine Vampir!

Schnell öffnete Anton das Fenster.

«Endlich!», sagte er.

Der kleine Vampir ließ sich vom Fensterbrett ins Zimmer gleiten.

«Ich musste noch etwas gegen mein Magenknurren tun», erklärte er. «Bist du so weit?»

«Ja.» Anton zog den Vampirumhang von Onkel Theodor über. «Und wohin fliegen wir?»

«Zum Friedhof. Wir wollen zwei guten alten Bekannten einen Besuch abstatten.»

«Aber es sind keine Vampire, oder?», fragte Anton besorgt.

«Im Geierteil – äh, Gegenteil!»

«Meinst du etwa Geiermeier und Schnuppermaul?»

«Erraten! In Transsylvanien hatte ich richtig Sehnsucht nach den beiden. Kannst du dir das vorstellen?»

«Nein!»

«Ich weiß, es klingt verrückt.» Der kleine Vampir stieß einen Seufzer aus. «Aber wenn du wochenlang mit Dracula unterwegs bist, fängst du an, die merkwürdigsten Sachen zu vermissen. Zum Beispiel habe ich mich ganz schrecklich nach einem Haus gesehnt, in dem jemand wohnt, den ich kenne, nach einem Fenstersims, auf dem ich landen kann, und nach einem Mondgesicht mit Pickeln und Bartstoppeln, das hinter der Scheibe erscheint, wenn ich ein paar Mal kräftig klopfe.»

«Ich hab kein Mondgesicht!», empörte sich Anton. «Und Pickel und Bartstoppeln erst recht nicht!»

«Wieso beziehst du immer alles auf dich, Anton?», sagte der Vampir. «Ich hab von Schnuppermaul gesprochen!»

«Ach so.» Anton räusperte sich. «Übrigens: Ich war heute bei einer Schnupperstunde!»

«Du warst bei Schnuppermaul – eine ganze Stunde?»

«Nein. Ich war in der Tanzschule Schwanenhals und hatte eine Schnupperstunde. Das ist eine Art kostenloser Probestunde.»

«Verstehe! Du hast am Schwanenhals geschnuppert! War er schön lang und weiß?»

«Ich hab nicht geschnuppert, sondern getanzt», erwiderte Anton. «Mit einem Mädchen», fügte er hinzu. «Und das hat Anna durchs Fenster beobachtet. Ich könnte mir vorstellen, dass sie jetzt ziemlich sauer auf mich ist.»

«Ziemlich? *Sehr* sauer, würde ich sagen!»

«Du weißt davon?»

«O ja! Ich hab Anna auf dem Friedhof getroffen. Sie hat mir von einer äußerst gut aussehenden Dunkelhaarigen mit grünen Augen erzählt. Ihr habt eng getanzt, und du hast sie ganz verliebt angeguckt, sagt Anna.»

Anton spürte, wie ihm die Röte ins Gesicht stieg. «Wir *mussten* eng tanzen, weil das beim Walzer so vorgeschrieben ist», verteidigte er sich. «Und verliebt geguckt hab ich schon deswegen nicht, weil ich in Melanie nicht verliebt bin!»

«Melanie?», wiederholte der kleine Vampir. «Ist das der Name der Dunkelhaarigen?»

«Ja.»

«Also kennst du sie doch näher!»

«Ich kenne sie nicht näher!» Anton stöhnte. «Und du redest schon wie meine Mutter!»

«Nun reg dich bloß nicht gleich auf», sagte der kleine Vampir.

«Warum sollte ich mich nicht aufregen, wenn anscheinend alle entschlossen sind, mich und Melanie zusammenzubringen!», erwiderte Anton.

«Alle nicht.» Der kleine Vampir kicherte. «*Ich* würde jemand ganz anderen mit Melanie zusammenbringen: einen Jungen, wie man ihn nicht alle Tage – ähem, Nächte trifft, der nicht übel aussieht und sturmerprobt ist!»

«Etwa Lumpi?»

«Pah, Lumpi! Mich!»

Anton konnte nicht verhindern, dass er auflachte.

«Was ist daran so lustig?», schnaubte der Vampir.

«Nichts», sagte Anton. «Ich dachte nur, du würdest für blonde Mädchen wie Olga schwärmen.»

Olga von Seifenschwein, ein eitles, selbstverliebtes Vampirmädchen aus Transsylvanien, war die große Liebe des kleinen Vampirs – seine verflossene Liebe.

«Erwähne ihren Namen nie wieder in meiner Gegenwart!», fauchte der kleine Vampir. Er stieg aufs Fensterbrett.

«Und nun komm endlich!», sagte er. «Mir schlafen die Füße ein, wenn ich so lange auf einem Fleck stehe.»

Damit erhob er sich in die Luft.

Anton folgte seinem Beispiel. Während er die Arme unter dem Umhang ausbreitete und sie langsam auf und ab bewegte, pochte ihm das Herz bis zum Hals.

Er war sicherlich schon hundertmal geflogen ... aber zu spüren, wie die Luft ihn trug – das war immer wieder aufs Neue atemberaubend, ungeheuerlich und einfach unglaublich!

Jetzt war er frei wie ein Vogel.

Nein, frei wie ein Vampir!

Heimaterde

«Das Fliegen hast du nicht verlernt!», bemerkte der kleine Vampir, als sie über die Dächer der Siedlung segelten.

Anton grinste in sich hinein. Es kam nicht alle Nächte vor, dass Rüdiger ihn lobte!

«Bist du oft allein unterwegs gewesen – ich meine, als wir in Transsylvanien waren?», fragte der Vampir.

Anton zögerte. Wenn er die Frage bejahte, würde der kleine Vampir wissen wollen, wohin er geflogen war, und so antwortete er wahrheitsgemäß: «Kein einziges Mal.»

«Kein einziges Mal? Wieso denn das?»

«Ohne dich macht mir das Fliegen keinen Spaß. Und außerdem kann ich im Dunkeln nicht so gut sehen wie ihr.»

«Stimmt, ich vergesse immer: Du bist gar kein Vampir – nicht mal ein Vampinsch!» Der kleine Vampir lachte heiser.

«Hast du eigentlich damit gerechnet, dass wir zurückkommen?»

«Gerechnet nicht. Aber ich hab ja noch die Erde von eurem Heimatfriedhof in Transsylvanien. Und irgendwie hab ich mich durch die Erde mit euch verbunden gefühlt.»

«Was sagst du da? Du hast etwas von *unserer* Heimaterde?» Der kleine Vampir verlangsamte seinen Flug.

«Ja», bestätigte Anton.

«Echte Heimaterde vom Ort der Ruhe?»

«Ja!»

«Und wo hast du sie?»

«In einer Dose in meinem Nachttisch.»

«Das ist ja hervorragend!»

«Hervorragend?», sagte Anton überrascht. «Du findest es nicht schlimm, dass ich die Erde mitgenommen habe?»

«Nun ... grundsätzlich betrachten wir das Entfernen unserer Heimaterde als schweres Vergehen, das entsprechend bestraft werden muss!» Der kleine Vampir klickte mit seinen spitzen Zähnen. «Aber unter diesen Umständen ist alles vergeben und vergessen!»

«Unter welchen Umständen?»

«Tante Dorothee! Sie jammert ständig, dass sie für ihre Gesichtsmasken die echte Heimaterde vom *Ort der Ruhe* braucht. Sie hatte sich auch mehrere Beutel mit Heimaterde in den Sarg gelegt. Aber unterwegs ist ihr Sarg aufgegangen, direkt über einem Tümpel, und da hat sie ihren ganzen Vorrat verloren! Gerade eben noch hat sie gesagt, ihre Verjüngungskur würde nur die Hälfte der Zeit in Anspruch nehmen und in spätestens zwei Wochen könnte sie nach Transsylvanien zurückkehren – wenn sie die echte Heimaterde hätte! Sie benötigt auch gar nicht viel, hat sie gesagt. Unsere Heimaterde ist so kraftvoll, dass sie selbst dann noch Wunder wirkt, wenn sie mit gewöhnlicher Friedhofserde vermischt wird!»

«Und warum fliegt Tante Dorothee nicht gleich nach Transsylvanien zurück? Dort hätte sie doch mehr als genug Heimaterde!»

«Ja, schon. Leider hat sie sich geschworen, erst nach Transsylvanien zurückzukehren, wenn sie zwanzig Jahre jünger aussieht. Und Tante Dorothee hat einen transsylvanischen Dickschädel. Sobald sie sich etwas vorgenommen hat, lässt sie sich durch nichts und niemand davon abbringen. Aber wenn du ihr *deine* Erde gibst, sind wir Tante Dorothee schon in zwei Wochen wieder los!»

«Mo-Moment», sagte Anton. «Ich soll ihr meine Erde geben? Das ist bestimmt keine gute Idee!»

«Und warum nicht?», fragte der Vampir.

«Ich schätze, Tante Dorothee kann auch mit ihrer Gesichtsmaske noch sehr gut zubeißen!»

«O ja!», lachte der Vampir. «Überhaupt ist eine absolut frische, hochwertige Ernährung ein entscheidender Bestandteil ihrer Verjüngungskur!»

«Eben!», knurrte Anton. «Und deswegen werde *ich* ihr die Erde nicht geben!»

«Du sollst ihr die Erde doch nicht persönlich bringen. Du gibst sie mir, und ich überreiche sie Tante Dorothee.»

«Aber du sagst nicht, von wem du sie hast, oder?», vergewisserte Anton sich.

«Und weshalb nicht?», fragte der kleine Vampir.

«Weil ich keinen Wert darauf lege, dass Tante Dorothee bei mir aufkreuzt, um sich zu bedanken!»

«Die Sorge kannst du dir sparen», beruhigte ihn der Vampir. «Wir Vampire bedanken uns nie!»

Unter ihnen tauchte jetzt die alte Friedhofsmauer auf.

«Achtung, wir landen!», sagte der kleine Vampir.

Aus vollem Flug heraus ließ er sich fallen – eine meisterhafte Leistung und das Ergebnis jahrzehntelanger Übung!

Anton, der sich auf diesem Gebiet nicht mit dem kleinen Vampir messen konnte, flog ein paar Schleifen und ließ sich dann sanft zur Erde gleiten. Er landete neben einem umgestürzten Grabstein.

Auf dem alten Friedhof schien sich seit Antons letztem Besuch nichts verändert zu haben: Das Gras stand noch immer kniehoch, und niemand hatte die Hecken und Büsche beschnitten. Wer sich hier zwischen Dornensträuchern und Brennnesseln seinen Weg bahnen wollte, tat gut daran, ein

Buschmesser dabeizuhaben – sofern er kein Vampir war und fliegen konnte!, dachte Anton.

Nicht weit entfernt sah er die Tanne, unter der sich das Einstiegsloch zur Gruft Schlotterstein befand.

«Und du bist sicher, dass Tante Dorothee noch in der Gruft ist?», fragte er flüsternd.

«Ja», antwortete der kleine Vampir. «Aber ich muss sowieso in die Gruft, und da werde ich es feststellen.»

«Du musst in die Gruft?», sagte Anton beklommen. «Und warum?»

«Ich will etwas holen.»

«Und was wird aus mir?», murmelte Anton.

Der kleine Vampir lächelte. «Du bist natürlich herzlich eingeladen mitzukommen. Ich würde dir auch gern meine neue Kuscheldecke zeigen, die Großtante Brunhilde für mich gehäkelt hat. Aber wie ich dich kenne, wirst du es vorziehen, hier draußen zu warten.»

«Ja!»

«Bis gleich, Anton.» Der kleine Vampir ging zur Tanne, schob den Stein zur Seite, der das Einstiegsloch bedeckte, und ließ sich in die Tiefe gleiten.

Zubeißen ist die beste Verteidigung

Anton sah sich um. Alles machte einen ruhigen und friedlichen Eindruck, wie man es von einem *Friedhof* erwartete. Doch er traute dem Frieden nicht! Schaudernd malte er sich aus, dass Tante Dorothee gleich aus der Gruft kommen und sich auf ihn stürzen würde ... Er könnte zwar versuchen zu fliehen – aber bestimmt flog sie viel schneller als er! Und mit Sicherheit war sie nach dem langen Stillliegen im Sarg noch hungriger und aggressiver als sonst! Bei dem Gedanken an ihren großen Mund mit den scharfen Fangzähnen sträubten sich Anton die Haare. Am liebsten hätte er die Arme ausgebreitet und wäre davongeflogen, zurück in die Sicherheit und Geborgenheit seines Zimmers! Doch wenn er jetzt Reißaus nahm, würde ihn der kleine Vampir für einen Feigling halten.

Anton atmete tief durch. Dann erinnerte er sich daran, dass der kleine Vampir gesagt hatte, Tante Dorothees Gesichtsmaske müsse bis mindestens um Mitternacht einwirken. Und bis dahin fehlte noch eine volle Stunde, zeigte ihm ein Blick auf seine Uhr. Er hatte also gar keinen Grund, sich selbst verrückt zu machen. Oder doch ...? Plötzlich hörte er Schritte. Er fuhr herum – und erblickte Lumpi!

«Ei, wen haben wir denn da?» Lumpi verzog die Lippen zu einem breiten Grinsen. «Anton Bohnsack ... Was treibst du denn ganz allein auf unserem Friedhof?»

«Ich – äh, bin nicht allein», entgegnete Anton hastig. «Ich bin mit Rüdiger hier.»

«Ach ja? Und wie kommt es, dass man ihn nicht sieht?»

«Man sieht ihn nicht, weil er in der Gruft ist.»

«In der Gruft, soso.» Lumpi trat auf Anton zu und legte ihm seine riesigen Pranken auf die Schultern. Sein Atem roch, als hätte er sich zwanzig Jahre lang nicht die Zähne geputzt. Anton wich zurück.

Lumpi lachte leise. «Hast du etwa Angst vor mir?»

«Nein.» Anton versuchte ganz gelassen zu wirken.

Lumpi konnte durchaus nett und umgänglich sein – solange man ihn nicht reizte! Er war in der Pubertät Vampir geworden und hatte ein sehr wechselhaftes, unberechenbares Temperament.

«Und warum weichst du mir aus?», fauchte Lumpi.

«Ich mag es nicht, wenn man mich festhält», sagte Anton.

«Du magst es nicht, wenn man dich festhält ... Und was war mit dieser kleinen Schwarzhaarigen vorhin?»

«Hast *du* mich etwa auch beim Tanzen beobachtet?»

«Tanzen nennst du das?» Lumpi kicherte. «Und ich dachte, ihr macht diese Hüpfer, weil ihr Flöhe in euren Kniekitzlern habt!»

«Das waren keine Hüpfer, das waren Walzerschritte», korrigierte Anton. «Und was sind überhaupt Kniekitzler?»

Lumpi hob seinen Vampirumhang an, sodass Anton einen Blick auf die halblange schwarze Wollhose werfen konnte, die er über seinen löchrigen Strumpfhosen trug.

«Hier siehst du unsere guten, seit Jahrzehnten bewährten Kniekitzler!», sagte er voller Stolz.

«Aha.» Anton biss sich auf die Zunge, um nicht zu lachen.

Lumpi ließ den Saum seines Vampirumhangs wieder fallen.

«Übrigens, wenn das vorhin keine Hüpfer, sondern Walzerschritte gewesen sein sollen, Anton Bohnsack, dann schaut es finster aus für dich!», fuhr er wichtigtuerisch fort.

«So?»

«Finster – um nicht zu sagen zappenduster!» Lumpi lachte heiser. «Beim Walzer muss du über das Parkett schweben! Du musst eins werden mit der Musik! Und was machst du? Steif wie eine Bohnenstange und schwer wie ein Sack Bohnen schiebst du dich durch den Saal!»

«Du brauchst dich nicht über meinen Namen lustig zu machen», erwiderte Anton. «Ich nenne dich schließlich auch nicht Schlotterbacke!»

«Schlotterbacke?» Lumpi schnaubte wütend. «He, suchst du Streit mit mir?»

«Nein!» Anton räusperte sich. Nun war er doch so unvorsichtig gewesen, Lumpi zu reizen. «Der Grund ist, dass ich gar keine Lust habe, tanzen zu lernen!», erklärte er. «Ich finde es blöd, wenn man seine Schritte zählen muss und dauernd zu sich selber sagen soll: *Vor – drehn – Schluss* oder *rück – drehn – Schluss*.»

«Bringen sie euch so das Tanzen bei – mit stumpfsinnigem Zählen und läppischen Sprüchen?»

Anton nickte.

«Dann wundert es mich nicht, wenn du steif wie eine Bo-» Lumpi hielt sich die Hand vor den Mund und kicherte – «steif wie eine Bonbonniere bist!», verbesserte er sich. «Du

solltest lieber bei deinem alten Freund Lumpi Tanzunter-
richt nehmen!»

«Bei dir?»

«O ja! Wir Vampire sind allesamt gute Tänzer, aber ich bin
der begabteste. Am besten komme ich mal mit in deine
Hüpfstunde und zeige euch, wie man richtig tanzt!»

«Aber –» ‹Ich geh überhaupt nicht wieder zur Tanzstunde!›, wollte Anton sagen, doch da klapperte der Stein
über dem Einstiegsloch, und der kleine Vampir erschien.

«He, Rüdiger, ich habe aufregende Neuigkeiten!», rief
Lumpi ihm zu. «Unser junger Freund hier nimmt mich mit
in seine Tanzstunde. Ich soll den Leuten zeigen, wie man
richtig tanzt! Ha, das wird *die* Gelegenheit, mich mal wieder in Schale zu werfen!»

«Ach, du gehst auch zu Antons Tanzstunde?», sagte der
kleine Vampir.

«Wieso? Wer denn noch?», fragte Lumpi.

«Anna! Eben in der Gruft hat sie mir zugeflüstert, dass sie
nicht tatenlos zusehen will, wie ihr ein fremdes Mädchen
Anton ausspannt. Getreu unserem Leitspruch *Zubeißen ist
die beste Verteidigung!* wird sie nun selbst an der Tanzstunde
teilnehmen.»

«Aber –», setzte Anton noch einmal an.

Der kleine Vampir unterbrach ihn: «Und *ich* werde ebenfalls an der Tanzstunde teilnehmen. Inzwischen bin ich
schon richtig – hihi! – neugierig auf diese gut aussehende
Dunkelhaarige geworden!»

«Ist das nicht prima?», freute sich Lumpi. «Wir gehen alle
drei in die Tanzstunde!»

«Ja! In unseren neuen Edelklamotten von Dracula!», rief
der kleine Vampir.

«Toll!», zischte Anton.

«Nicht wahr?», sagte Lumpi, der offenbar nicht verstanden
hatte, dass Anton genau das Gegenteil meinte.

«Toll, wie ihr über mich bestimmt!», erwiderte Anton grim-
mig.

«Das machen wir doch gern», antwortete Lumpi. «Jetzt
musst du mir nur noch verraten, wann deine nächste Hüpfstunde ist, und dann kratz ich die Kurve!»

«Ja, wann ist die nächste Tanzstunde?», drängte nun auch
der kleine Vampir.

«Das weiß ich nicht», knurrte Anton.

«Das weißt du nicht?», sagte der kleine Vampir.

«Nein! Eigentlich will ich gar nicht wieder hingehen!»

«Unsinn!», fauchte Lumpi. «Du wirst dich gleich morgen
früh erkundigen, wann deine nächste Hüpfstunde ist! Verstanden?»

«Jaa ...»

«Warum nicht gleich so?» Lumpi machte ein paar tänzelnde
Schritte. «Ha, *den* müden Laden, wo sie zählen und Sprü-
che aufsagen, werden wir Vampire schon in Schwung bringen!»

Mit wieherndem Gelächter flog er davon.

Genieße den Augenblick

«Das wird bestimmt ein Riesenspaß, wenn wir alle zusammen in die Tanzstunde gehen!», bemerkte der kleine Vampir und rieb sich die knochigen Hände.

«Ein Riesenspaß?», sagte Anton zweifelnd. «Warte nur ab, bis du den dämlichen Schwanentanz tanzen musst!»

«Und wie geht der?»

«Schwa-Schwa-Schwanentanz, wir wackeln alle mit dem Schwanz, wir schütteln das Gefieder, wir hüpfen auf und nieder, wir machen unsern Hals ganz lang und gehn umher im Watschelgang!»

«Das ist ein Tanz?»

«Ja. Wenn du den Spruch aufsagst, musst du mit dem Hinterteil wackeln, die Arme schütteln, auf und nieder hüpfen –»

«Und den Hals ganz lang machen! Jetzt hab ich's kapiert!», fiel ihm der kleine Vampir aufgeregt ins Wort. «Und den Tanz nennst du dämlich? Unter uns Vampiren wird das garantiert ein Hit! Schwa-Schwa-Schwanentanz, wir wackeln alle mit dem Schwanz», sprach er nach und wackelte mit dem Hinterteil, «wir schütteln den Vampirumhang, wir hüpfen auf und nieder, wir machen unsern Hals ganz lang und gehn umher im Watschelgang. Das ist ja spitze!»

Beim Schütteln seines Vampirumhangs und beim Hüpfen erhob sich der kleine Vampir ein Stück vom Boden. Als er dann zur Krönung seinen mageren Hals reckte und durch das Gras watschelte, hatte Anton Mühe, ernst zu bleiben. Er räusperte sich.

«Liegt Tante Dorothee eigentlich im Sarg?», fragte er.

«Ja», antwortete der kleine Vampir. «Und Anna auch.»

«Aber sie ist doch nicht krank, oder?»

«Nein. Anna ist Tante Dorothees Beispiel gefolgt und hat sich ebenfalls eine Gesichtsmaske aufgetragen. Rate mal, wen sie damit beeindrucken will!»

«Hm, wer könnte das sein …» In gespielter Ratlosigkeit kratzte sich Anton das Ohr. «Vielleicht hat sie einen neuen Freund?»

«Anna? Einen *neuen* Freund?» Der kleine Vampir lachte heiser. «Sie wird nie einen neuen Freund haben – genauso wenig wie sie einen Sonnenbrand bekommen wird!»

«Und warum nicht?»

«Weil die erste große Liebe eines Vampirs unsterblich ist!»

«Und wie kommt es, dass *du* nicht mehr für … ähem … eine gewisse Blonde aus Transsylvanien schwärmst, wenn die erste große Liebe eines Vampirs unsterblich ist?», fragte Anton.

«Die Liebe zwischen Vampiren kann kurz und flüchtig sein», belehrte ihn der kleine Vampir. «Unsterblich ist nur die artenübergreifende Form.»

«Die was?»

«Die artenübergreifende Form, das heißt: die erste große Liebe zwischen einem Vampir und einem Menschen!»

«Ach so.» Anton versuchte, sich seine Verlegenheit nicht anmerken zu lassen. «Und warum hat sich Anna eine Gesichtsmaske gemacht?», lenkte er das Gespräch auf ein weniger verfängliches Thema. «Will sie auch jünger aussehen?»

«Wohl kaum.» Der kleine Vampir grinste. «Wenn sie noch jünger aussehen würde, dürfte sie nachts gar nicht allein draußen herumfliegen. Nein, sie möchte bei deiner nächsten Tanzstunde eine rosige Haut wie ein Menschenmädchen haben, damit du nur Augen für sie hast! Und Gesichtsmasken regen die … hihi … Durchblutung an!» Er schielte auf Antons Hals. «Natürlich gibt es auch noch andere Möglichkeiten, die Durchblutung anzuregen …», fügte er hinzu und klapperte mit den Zähnen.

«Ich weiß», sagte Anton schnell. «Die beste Möglichkeit ist, sich Bewegung zu verschaffen. Und deshalb sollten wir jetzt endlich zu Geiermeier und Schnuppermaul fliegen!»

«Warum hast du es plötzlich so eilig?»

«Weil ich hier schon eine Ewigkeit herumstehe und endlich etwas erleben möchte!», erklärte Anton.

Der kleine Vampir verzog sein Gesicht, als wäre er in einen Sargnagel getreten.

«Die Ewigkeit ist eine viel zu ernste Angelegenheit, um darüber Witze zu machen», entgegnete er. «Im Übrigen ist die Ewigkeit ein Zustand, der jenseits eurer menschlichen Vorstellungskraft liegt! Ihr Menschen werdet erwachsen, dann alt und im Handumdrehen» – er schnippte mit den Fingern – «gibt es euch nicht mehr!»

Anton spürte einen Druck im Magen. «Ich wollte dich nicht ärgern.»

«Schon gut.» Der kleine Vampir reckte sich. «Wenn wir

auch nicht die Ewigkeit miteinander teilen, so bleibt uns doch das Hier und Jetzt!», verkündete er hochtrabend. «Und wie sagt meine Großmutter, Sabine die Schreckliche, immer: Genieße den Augenblick!»

Bei dem Wort *genieße* zuckte Anton zusammen. Zu seiner Erleichterung schien der kleine Vampir eine andere Form des Genießens im Sinn zu haben, die nichts mit Essen – oder richtiger: Trinken – zu tun hatte, denn nun schwang er sich in die Luft. Und mit den Worten «Auf geht's zu Geiermeier und Schnuppermaul!» flog er zum neuen Teil des Friedhofs.

Rasch breitete Anton die Arme aus und folgte ihm.

Als er das Haus des Friedhofswärters erreichte, stand der kleine Vampir bereits vor dem Gartentor. Anton landete neben ihm. Gemeinsam spähten sie zu dem aus roten Backsteinen gebauten Haus hinüber. Sämtliche Fenster waren dunkel, nur die kleine Lampe an der Tür brannte.

«Was sagt man dazu?», kicherte der kleine Vampir. «Ein Friedhofswärter, der sich nachts ins Bett legt und schläft! Da können ihm ja die Mäuse – äh, Vampire auf der Nase herumtanzen!»

«Wer weiß, ob Geiermeier wirklich schläft», erwiderte Anton. «Möglicherweise beobachtet er uns.»

«Umso besser!», meinte der kleine Vampir.

«Umso besser?», wunderte sich Anton. «Du *möchtest*, dass er uns sieht?»

«Ja! Ich will sogar bei ihm klingeln! Dann kriegt er wieder einen Herzanfall und liegt ein paar Wochen im Krankenhaus! Im besten Fall muss er den Beruf aufgeben. Ha, dann wird Schnuppermaul sein Nachfolger, und von dem haben wir Vampire nichts zu befürchten. Ist das nicht ein vampirisch toller Plan?»

«Na ja …» Anton hustete ein paar Mal.

«Ich finde deinen Plan zu gefährlich», erklärte er. «Was ist, wenn Geiermeier *keinen* Herzanfall bekommt und stattdessen mit einem Holzpflock auf dich losgeht?»

«Ho-Ho-Holzpflock?», ächzte der kleine Vampir. «Willst du, dass ich ohnmächtig werde?»

«Nein», antwortete Anton. «Ich will nur verhindern, dass du einen Fehler machst.»

«Na schön», zischte der Vampir. «Dann müssen wir eben zum zweiten Teil meines vampirisch tollen Plans übergehen.»

«Dein Plan hat einen zweiten Teil?»

«O ja!» Der kleine Vampir zog einen schwarzen Samtbeutel unter seinem Umhang hervor, aus dem er zwei Holzbrettchen nahm. Beim genaueren Hinsehen erkannte Anton, dass es Fallen waren.

«Stammen die aus deiner Sammlung?», fragte er.

In Transsylvanien hatte der kleine Vampir angefangen, Rattenfallen zu sammeln – «aus Zuneigung zu den Ratten», wie er Anton erzählt hatte.

«Ja», bestätigte der Vampir.

«Und was willst du mit den Fallen anstellen?»

«Ich will sie nicht anstellen, sondern aufstellen. Und zwar direkt vor Geiermeiers Eingangstür. Wenn er ahnungslos aus der Tür kommt, tritt er mit seinen großen Zehen in die Fallen und peng! schnappen sie zu. Anschließend kann er zwei Wochen lang nur humpeln, hihi!»

«Du glaubst, er kommt zu dieser Jahreszeit barfuß aus der Tür?»

«Nein, wieso?»

«Weil du gesagt hast, er tritt mit den großen Zehen in die Fallen.»

«Na, dann eben mit den Schuhen!»

«Aber Geiermeier trägt immer ganz klobige Arbeitsstiefel. Ich wette, die haben eine eingebaute Stahlkappe für den Fall, dass ihm ein Sargdeckel auf den Fuß fällt. Mit solchen Stiefeln passiert *ihm* nichts – nur deine Fallen gehen kaputt.»

«Meinst du?»

«Ja!»

Der kleine Vampir legte die Fallen in den Beutel zurück und
steckte ihn wieder unter seinen Umhang.

«Dann sollten wir zum dritten Teil deines vampirisch tollen
Plans übergehen», schlug Anton vor.

«Zu welchem dritten Teil?», fragte der kleine Vampir ver-
wirrt.

Geierauge, sei wachsam!

In diesem Moment schaltete jemand das Licht in Geiermeiers Diele ein.

Gleich darauf wurde die Eingangstür geöffnet. Anton und
der kleine Vampir schafften es gerade noch, sich hinter einer
Hecke zu verstecken, bevor ein großer dünner Mann mit
strohgelben Haaren aus der Tür trat. Bekleidet war er mit
einem hellblauen Bademantel, unter dem ein blau-weiß ge-
streifter Pyjama hervorguckte. Seine Füße steckten in Turnschuhen.

«Es ist Schnuppermaul!», sagte Anton erleichtert.

«Wo Schnuppermaul ist, kann Geiermeier nicht weit sein»,
erwiderte der kleine Vampir.

Er sollte Recht behalten, denn nun hörten sie Geiermeiers
Stimme: «Was machst du da draußen vor der Tür, Wolf-
Rüdiger?»

«Ich will mir nur ein bisschen die Beine vertreten», antwortete Schnuppermaul.

«Die Beine vertreten? Mitten in der Nacht?»

«Ja. Ich hab wieder diese furchtbaren Zahnschmerzen.»

«Er hat Zahnschmerzen ...» Der kleine Vampir kicherte.

«Psst!», ermahnte Anton ihn.

Friedhofswärter Geiermeier erschien in der Tür. Er war einen Kopf kleiner als Schnuppermaul. Besonders auffällig an ihm war seine lange, spitze Nase. Er trug einen giftgrünen Bademantel, dunkelblaue Pyjamahosen und Filzpantoffeln.

«Nennst du das klobige Arbeitsstiefel?», flüsterte der kleine Vampir.

«Nein», gab Anton zu.

«Seit wann gehst du nachts allein auf dem Friedhof spazieren, Wolf-Rüdiger?», fragte Geiermeier.

«Seit wann? Seit wir die Vampire vertrieben haben!», antwortete Schnuppermaul.

«Wir?» Geiermeier lachte hämisch. «*Ich* habe sie vertrieben! Du hast sogar noch die Unverfrorenheit besessen, dich mit einem von ihnen anzufreunden!»

«Mit Lumpi», flüsterte Anton.

Der kleine Vampir nickte stumm.

«Angefreundet nicht», widersprach Schnuppermaul. «Ich hab mich nur mit ihm bekannt gemacht, um –»

Er kratzte sich am Kinn.

«Um was?», fragte Geiermeier.

«Um rauszukriegen, wo ihre unterirdische Gruft ist, genau!»

«Und? Hast du es rausgekriegt?»

«Nein …»

«Na also! Es ist ausschließlich mein Verdienst, dass diese Blutsauger die Flucht ergriffen haben!», betonte Geiermeier.

«Schuhuu! Schuhuu!», schrie da eine Eule.

«Hast du das gehört, Hans-Heinrich?», rief Schnuppermaul mit zitternder Stimme. «Das war ein Vampir! Sie sind zurückgekommen!»

«Es war ein Uhu», entgegnete Geiermeier.

«Ein Uhu? Aber es klang wie eine menschliche Stimme!»

«Vampire sind keine Menschen!»

«Nicht? Was dann?»

«Untote!»

«Dann klang es wie eine untote Stimme!»

Geiermeier blickte in die Richtung des alten Friedhofs. «Ausschließen kann man es natürlich nicht …», sagte er. «Vampire sind wie Unkraut, musst du wissen! Sie schießen wie Unkraut immer wieder aus dem Boden!»

«Was?», rief Schnuppermaul. «Du glaubst auch, dass sie zurückgekommen sind, Hans-Heinrich?»

«Ich glaube gar nichts», erwiderte Geiermeier. «Aber ich bin auf alles vorbereitet! Wie heißt es doch: Geierauge, sei wachsam!»

Aus den Taschen seines Bademantels zog er einen Holzpflock und einen Hammer.

«Auf alles vorbereitet, jawohl!» Er schlug mit dem Hammer auf das stumpfe Ende des Pflocks. Bei dem lauten «Pock-Pock-Pock» sträubten sich Anton die Haare.

Der kleine Vampir gab ein hasserfülltes Fauchen von sich.

«Unter diesen Umständen sollte ich wohl besser wieder ins Haus gehen ...», sagte Schnuppermaul mit kläglicher Stimme.

«Und was ist mit deinen Zahnschmerzen?», forschte Geiermeier.

«Meine Zahnschmerzen? Die sind schon fast nicht mehr da!»

«Schuhuu! Schuhuu!», rief die Eule noch einmal.

Schnuppermaul stieß einen gellenden Schrei aus. Als hätte ihn ein Vampir gebissen, drehte er sich um und rannte ins Haus.

«Und so was will *Friedhofs*-Gärtner sein!» Kopfschüttelnd folgte Geiermeier ihm.

Mit einem lauten Knall schlug er die Haustür hinter sich zu.

«Besonders herzkrank wirkt Geiermeier nicht!», sagte Anton.

«Leider!» Der kleine Vampir seufzte. «Die Ärzte sind auch nicht mehr das, was sie mal waren.»

«Wie meinst du das?»

«Die päppeln heute jeden wieder auf», sagte der kleine Vampir. «Womit wir beim dritten Teil meines vampirisch tollen Plans angelangt wären.»

«Jetzt hat dein Plan doch einen dritten Teil?»

«Ja. Wir werden uns unsichtbar machen!»

«Das kann man auch mit einem Vampirumhang?»

Der kleine Vampir verzog seine bleichen Lippen zu einem

Grinsen. «Man wird unsichtbar, indem man davon-
fliegt!»

«Und wohin fliegen wir?», wollte Anton wissen.

«Zu dir nach Hause. Du gibst mir unsere kostbare Heimaterde, und danach fliege ich allein weiter.»

«Ich dachte, wir unternehmen noch etwas!», sagte Anton
enttäuscht.

Der kleine Vampir hielt sich die Hand vor den Mund und
hüstelte.

«Geiermeier mit seinem Holzpflock ist mir auf den Magen
geschlagen», erklärte er. «Und wenn mir etwas auf den Magen schlägt, muss ich … na, du weißt schon: der Ruf der
Natur!» Wie zur Bekräftigung ließ die Eule zum dritten
Mal ihr unheimliches «Schuhuu! Schuhuu!» ertönen.

Sie flogen los.

Rosige Wangen

In seinem Zimmer angekommen, schaltete Anton die kleine
Lampe über dem Bett ein. Für einen Moment stutzte er,
denn er glaubte einen ungewohnten süßlichen Geruch wahr-
zunehmen. Aber dann sagte er sich, dass seine Mutter
wahrscheinlich vor dem Schlafengehen ein Bad genommen
hatte. Aus seinem Nachttisch holte er die Dose mit der Friedhofserde. Er kehrte ans Fenster zurück und gab sie dem kleinen Vampir, der draußen auf dem Fenstersims wartete.

Mit ehrfürchtiger Miene nahm der kleine Vampir die Dose entgegen und ließ sie unter seinem Umhang verschwinden.

«Bis bald, Anton!»

Er erhob sich in die Luft.

«Wann bald?», fragte Anton, doch der kleine Vampir gab keine Antwort mehr. Stattdessen hörte Anton hinter sich im Zimmer ein Geräusch, das ihm durch Mark und Bein ging: Die Türen seines Kleiderschranks knarrten! Er drehte sich um – und erblickte Anna, die aus dem Schrank kletterte. Auf einmal wusste er, woher der süßliche Geruch gekommen war.

«Hallo, Anton!», begrüßte sie ihn.

Er schluckte. «Hallo, Anna!»

Sie sah genauso niedlich aus, wie er sie in Erinnerung hatte: mit ihren zerzausten Haaren, ihren großen dunklen Augen, ihrem kirschroten Mund. Nein, eigentlich sah sie noch niedlicher aus, denn ihre Wangen waren rosig verfärbt ...

«Hab ich dich überrascht?» Sie schaute ihn fragend an.

«Ja», antwortete er.

«Ich hab dir hoffentlich keinen Schrecken eingejagt?», fragte sie besorgt.

«Nicht direkt», sagte er. «Aber es hätte schließlich auch jemand anders sein können.»

«Dachtest du etwa, es wäre Tante Dorothee?» Anna kicherte. «Die würde doch gar nicht in deinen Schrank passen! Außerdem liegt sie noch immer im Sarg mit ihrer Gesichtsmaske. Übrigens, Gesichtsmaske –» Sie lächelte kokett. «Fällt dir an mir etwas auf?»

Er nickte. «Deine Wangen sind ganz rosig!»

«Ehrlich? Das hatte ich gehofft.» Sie seufzte. «Sind sie genauso rosig wie bei dem Mädchen, mit dem du so verliebt getanzt hast?»

«Ja», bestätigte er. Dann fügte er hastig hinzu: «Aber ich hab nicht verliebt getanzt. Beim Walzer muss man eng tanzen.»

«Du bist gar nicht verliebt?»

«Nein!»

«Überhaupt nicht? Auch kein kleines bisschen?»

«Nein!»

Anna verzog schmollend den Mund. «Ein bisschen verliebt solltest du aber sein! Und zwar in eine, die sich extra für dich ein neues Parfüm gemischt hat: Mufti Glückliches Wiedersehen! Riecht es nicht toll?»

«Doch …», sagte er verlegen. Plötzlich fand er den süßen Duft in seinem Zimmer fast überwältigend stark.

Anna setzte sich auf sein Bett und schlang die Arme um ihre Knie.

«Magst du mich mit meiner rosigen Haut lieber als früher?», fragte sie.

«Ja und nein», antwortete er nach kurzem Zögern.

«Ja und nein?», wiederholte sie.

«*Ja* – weil du jetzt noch niedlicher aussiehst. Und *nein*, weil es für mich nicht so wichtig ist, wie du aussiehst. Ich finde es viel wichtiger, dass du nett und sympathisch bist.»

«Nett und sympathisch?», sagte sie unzufrieden. «Ist das alles?»

«Nein.» Anton räusperte sich. «Du bist viel mehr als nur nett und sympathisch», versicherte er. «Du bist das süßeste, hübscheste, klügste, mutigste Mädchen, das mir jemals begegnet ist!»

Über Annas Gesicht ging ein Leuchten. «Ach, Anton! Weißt du, was du da gesagt hast?»

«Was ich gesagt habe?» Konnte es sein, dass er schon wieder ins Fettnäpfchen getreten war?

«Du hast Mädchen gesagt und nicht *Vampir*mädchen!»

«Sollte ich das nicht?»

«Es klingt, als würdest du keinen Unterschied zwischen mir und den Menschenmädchen machen!»

«Das tue ich aber!», entgegnete Anton. «Dich mag ich lieber als alle Menschenmädchen, die ich kenne!»

Anna fuhr sich mit der Hand über die Augen. «Und ich dachte, ich hätte dich an diese Schwarzhaarige verloren. Es war schrecklich, dich nach so langer Zeit wieder zu sehen – und dann mit einer anderen!»

«Aber Melanie und ich haben wirklich nur getanzt», sagte er.

«Versprichst du, dass du beim nächsten Mal mit *mir* tanzt – und mit keiner anderen?»

«Versprochen!»

Sie stieß einen tiefen Seufzer aus. «Ach, Anton! Du bist der süßeste, hübscheste, mutigste und klügste Junge, der mir jemals begegnet ist!»

Anton spürte, dass er rot wurde. Schnell wandte er sich ab und begann, die Bücher zu sortieren, die auf seinem Nachttisch lagen.

«Was hast du eigentlich Rüdiger gegeben?», fragte Anna.

«Eine Dose mit eurer Heimaterde.»

«Du hast Heimaterde? Echte Heimaterde?», rief sie.

«Nicht so laut!», sagte Anton erschrocken. «Meine Eltern schlafen!»

«Tut mir Leid.» Anna machte ein betretenes Gesicht. «Und du hast wirklich Heimaterde?» Nun flüsterte sie.

«Ich *hatte* Heimaterde», antwortete er.

«Und warum hast sie nicht mir gegeben?», fragte sie in vorwurfsvollem Ton. «*Ich* brauche sie für meine Gesichtsmasken – nicht Rüdiger!»

«Er wollte sie für Tante Dorothee, damit sie so schnell wie möglich wieder nach Transsylvanien zurückfliegt.»

«Aber Tante Dorothee ist ein hoffnungsloser Fall! Erstens wird Dracula sich nie für sie interessieren. Und zweitens wirkt die Heimaterde auf ihrer Haut überhaupt nicht, weil sie schon erwachsen war, als sie Vampir wurde. Unsere Heimaterde wirkt nur auf jugendlicher Haut!»

Plötzlich hörte Anton Schritte im Flur. Dann hustete jemand.

«Meine Mutter!», flüsterte er. «Ich wette, sie kommt in mein Zimmer!»

Anna stieg aufs Fensterbrett und breitete die Arme aus. «Leb wohl, Anton!», sagte sie und schwebte davon.

Rasch machte er das Fenster zu.

«Mit wem sprichst du da, Anton?» Die Tür wurde geöffnet, und Antons Mutter spähte ins Zimmer.

Zum Glück schaltete sie das Licht nicht ein, denn so wie er war, in seinem Vampirumhang, dem Pullover, den Jeans und den Turnschuhen, hatte Anton sich unter der Bettdecke verkrochen.

«Mit wem ich spreche ...?», wiederholte er gespielt schläfrig. «Mit dir!»

«Eben habe ich *zwei* Stimmen gehört», erwiderte sie. «Deine Stimme und eine zweite, hellere, die wie eine Mädchenstimme klang.»

«Das muss Melanie gewesen sein.»

Wie von ihm vorausgesehen, fiel seine Mutter auf das Ablenkungsmanöver herein.

«Melanie?», sagte sie betroffen. «Aber wie um alles in der Welt ist sie in dein Zimmer gekommen? Und wo ist sie jetzt?»

Anton biss sich auf die Lippen, um nicht zu lachen. «Sie ist nicht in mein Zimmer gekommen. Ich hab von ihr geträumt! Und du sagst selbst, dass ich im Schlaf manchmal laut rede. Bestimmt hab ich im Schlaf mit Melanies Stimme gesprochen.»

«Ach so ...» Seine Mutter wirkte etwas betreten.

«Und was hast du von Melanie geträumt?», wollte sie nach einer Pause wissen. «Hoffentlich nur Gutes?»

«Ich hab von der Tanzstunde geträumt und dass Melanie und ich den ersten Preis beim Walzertanzen gewonnen haben.»

«Also hat die Tanzstunde doch einen positiven Eindruck bei dir hinterlassen?»

«O ja!» Nun war Anton in seinem Element! «Und weißt du was: Ich hätte jetzt sogar Lust, den Tanzkurs zu machen!»

«Na, das ist ja wunderbar, Anton!», freute sie sich. «Dann telefoniere ich gleich morgen früh mit Herrn Schwanenhals!»

«Ja. Das wär prima.» Er gähnte. «Gute Nacht.»

«Gute Nacht, Anton!» Sie zog die Tür zu.

Offenbar war ihr noch etwas eingefallen, denn gleich darauf öffnete sie die Tür wieder. «Eins ist merkwürdig ...», meinte sie.

«Und was?», fragte er und gähnte noch einmal.

«Wenn Melanie nur in deinem Traum war – wie kommt es dann, dass es in deinem Zimmer nach einem süßlichen Parfüm duftet?»

«Aber Mutti!», tat Anton entrüstet. «Das darfst du gar nicht riechen!»

«Und warum nicht?»

«Weil es ein Geschenk sein soll – für dich, zum Geburtstag!»

«Verstehe.» Sie lachte. «Schlaf gut, Anton!»

«Du auch!»

Wenn es sich reimt

«Herr Schwanenhals war sehr angetan, dass er dich als neues Mitglied in seiner Tanzschule begrüßen darf!», berichtete Antons Mutter am folgenden Tag beim Mittagessen.

«Du hast schon mit ihm telefoniert?», sagte Anton.

«Ja. In der großen Pause hab ich bei ihm angerufen. Frau Kaas hat sich auch gefreut. Ihre Melanie musst du enorm beeindruckt haben!»

«Ich?»

«Ja, du! Melanie hätte gestern nach der Tanzstunde richtig von dir geschwärmt, sagt Frau Kaas!» Anton rührte betont gleichmütig in seinem Risotto. «Und wann ist die nächste Tanzstunde?», fragte er.

«Morgen Abend. Die Gruppe von Melanie trifft sich zweimal in der Woche, mittwochs und freitags, jeweils um halb sechs.»

«Zweimal in der Woche ...»

«Ist dir das zu viel?»

«Nein, nein», sagte Anton schnell. Er war sicher, dass die Vampire begeistert sein würden.

«Von nun an wirst du keine Langweile mehr haben!» Seine Mutter lachte. «Frau Kaas hat außerdem vorgeschlagen –»

«– dass ich jeden Tag hundert Liegestütze und eine halbe Stunde Dauerlauf machen soll», fiel Anton ihr ins Wort.

«Nein! Frau Kaas hat vorgeschlagen, dass du an Melanies Fotokurs teilnimmst. Aber ich hab ihr gesagt, fürs Fotografieren wirst du dich wohl nicht interessieren.»

«Allerdings!», sagte er. In Gedanken ergänzte er: Schließlich kann man Vampire nicht fotografieren. Und wen sollte er sonst fotografieren, wenn nicht seine besten Freunde?

«Ich bin jedenfalls froh und erleichtert, dass du mit dem Tanzkurs bei Herrn Schwanenhals nun endlich ein schönes Hobby hast», erklärte seine Mutter. «Ein Hobby, das einmal nichts mit Vampiren zu tun hat!»

«Wenn du es sagst ...», antwortete er.

«Oder war gestern Abend in der Tanzstunde etwa ein Vampir dabei?» Sie sah ihn mit einem Augenzwinkern an.

«Es waren alle möglichen Vampire dabei», entgegnete Anton. «Bloß keine echten, leider.»

Kurz nach Sonnenuntergang klopfte es an seinem Fenster. Anton öffnete.

«Du, Rüdiger?»

«Wer sonst?», sagte der kleine Vampir.

«So früh hast du noch nie bei mir geklopft!»

«In der Gruft war es nicht zum Aushalten!» Der kleine Vampir gab ein Stöhnen von sich. «Nach dem Aufwachen wollte ich wie jeden Abend noch ein bisschen im Sarg liegen und eine Vampirgeschichte lesen. Aber daran war nicht zu denken.»

«Etwa wegen Geiermeier und Schnuppermaul?», fragte Anton betroffen.

«Nein. Wegen Tante Dorothee und Anna. Sie haben sich um die Heimaterde gestritten – wer von ihnen sie benutzen darf, wie oft, wie viel, wie stark mit normaler Friedhofserde vermischt ... mir tun jetzt noch die Ohren weh von ihrem Gezeter!» Der kleine Vampir schüttelte sich.

Dann griff er unter seinen Umhang und warf Anton ein kleines Päckchen zu.

«Hier! Das soll ich dir geben – von Anna!»

Anton streifte das zerknitterte Seidenpapier ab. Ein schmales, in lila Samt eingeschlagenes Buch kam zum Vorschein. Vorsichtig schlug er es auf.

«Kavaliersbüchlein der Anna von Schlotterstein ...», las er halblaut vor.

Er blätterte darin, doch er fand nur leere Seiten.

«Und wozu braucht Anna das Buch?», fragte er.

«Du kennst kein Kavaliersbüchlein?»

«Nein!»

«Jeder, der mit Anna tanzen möchte, muss sich vorher in ihr Kavaliersbüchlein eintragen. Das ist gute alte Tradition!»

Anton blätterte noch einmal durch die leeren Seiten. «Besonders viele ... hm ... Kavaliere haben sich aber noch nicht eingetragen.»

«Das Buch ist ja auch brandneu», verriet der kleine Vampir.

«Brandneu?» Zweifelnd betrachtete Anton den verblichenen Samt, die vergilbten Blätter.

«O ja! Anna hat es extra für deine Tanzstunde neu eingerichtet», sagte der kleine Vampir. «Es ist ihr fünftes Kavaliersbüchlein», fügte er hinzu. «Vier sind schon voll.» Als Anton sich nicht rührte, zischte er: «Worauf wartest du noch?»

«Und was soll ich schreiben?», brummte Anton. «Nur meinen Namen?»

«Damit würdest du Anna schwer beleidigen!», warnte der Vampir. «Nein, du musst etwas Persönliches schreiben, am besten ... ein Gedicht!»

«Ein Gedicht?»

«Ja. Die Liebe keimt, wenn es sich reimt!» Der kleine Vampir kicherte heftig.

«Ich weiß aber kein Gedicht», erwiderte Anton.

«Du sollst auch keins wissen, sondern eins dichten! Zum Beispiel: Liebe Olga-Maus, zum Tanzen führe ich dich aus,

am Donnerstag um acht, wenn hungrig der Vampir erwacht!»

«*Olga*-Maus?», wiederholte Anton. «Du willst, dass ich *Olga* schreibe?»

«Wer sagt Olga?»

«Du!»

«Dann hab ich mich versprochen. Du sollst natürlich *Anna* schreiben. Na los, fang endlich an!»

Anton räusperte sich. Mit Annas Buch in der Hand ging er zu seinem Schreibtisch und setzte sich.

Nach kurzem Überlegen schrieb er:

«Liebe Anna, ich würde mich freuen, falls
du Zeit hättest für die Tanzschule Schwanenhals.
Dass du gern tanzt, weiß ich,
ich erwarte dich morgen Abend um fünf Uhr dreißig.
Dein Anton.»

Er seufzte erleichtert.

«Fertig?», drängte der kleine Vampir.

«Ja.»

«Lass sehen!»

Anton reichte ihm das Buch.

Neugierig studierte der kleine Vampir, was Anton geschrieben hatte.

«Nicht übel», meinte er und steckte das Buch unter seinen Umhang. «Morgen um halb sechs – das passt mir ausgezeichnet!», krächzte er. «Und Anna wird überglücklich sein. Sie zählt schon die Minuten, bis sie endlich mit dir übers Parkett gleiten kann. Nur Lumpi wird sich ärgern, hihi!»

«Warum?»

«Weil sich freitags seine Männergruppe versammelt. Und Waldi der Bösartige hat gedroht, ihn aus der Gruppe auszuschließen, wenn er noch ein einziges Treffen versäumt.»

Der kleine Vampir breitete die Arme aus.

«Willst du schon gehen – äh, fliegen?», fragte Anton.

«Ja. So leer ist mein Magen, das ist kaum zu ertragen», reimte der kleine Vampir, und mit einem heiseren Gelächter flog er in die Nacht hinaus.

Tanzende Herren

«Musst du heute wieder die ganze Zeit dabeibleiben?», fragte Anton seine Mutter, als sie am nächsten Abend zur Tanzschule fuhren.

Diesmal waren sie spät dran, weil Antons Mutter noch kurz vor der Abfahrt einen Anruf bekommen hatte.

«Ob ich dabeibleiben *muss*?», wiederholte sie. «Ich dachte, du hättest mich gern in deiner Nähe!»

«Ja, schon ...», sagte er gedehnt. «Aber nicht zu nah. Wenn du zum Beispiel eine Straße weiter in ein nettes Café gehen würdest, wäre mir das nah genug.»

«Und warum kann ich mich nicht wie die anderen Eltern in die Kaffeestube von Herrn Schwanenhals setzen?»

«Weil ich mich beim Tanzen nicht richtig frei fühle, wenn du mich ständig beobachtest.»

Antons Mutter kniff die Lippen zusammen. Bis sie die Tanzschule erreichten, sagte sie kein Wort mehr. Auf dem Parkplatz vor der Villa fragte sie: «Ist es wegen der Mädchen?»

«Wegen *der* Mädchen sowieso nicht», erwiderte Anton. «Höchstens wegen *eines* Mädchens.» Dabei dachte er an Anna.

Nun lächelte seine Mutter. «Anscheinend hat Melanie bei dir auch einen starken Eindruck hinterlassen!»

Er grinste ... und schwieg.

«Also gut», sagte sie. «In einer Stunde hole ich dich wieder ab!»

«Danke!» Anton stieg aus.

Heute standen außer dem schwarzen Buckel-Volvo von Herrn Schwanenhals noch drei Autos vor der Villa. Bestimmt waren schon alle da!, dachte er. Nein, *alle* nicht ... Vampire kamen bekanntermaßen nie pünktlich! Vielleicht warteten die Vampire sogar auf Anton, um gemeinsam mit ihm in die Höhle des Löwen, nein, des Schwans zu gehen?

Er drehte sich um und spähte hinüber zu der alten, verwitterten Friedhofsmauer. Doch er sah keinen der Vampire – nur seine Mutter, die gewendet hatte und jetzt am Straßenrand parkte. Sie winkte ihm zu, und Anton winkte zurück. Dann verschwand er in der Villa.

Aus dem oberen Stockwerk hörte er Stimmen, aber keine Musik. Hastig lief er die Stufen hinauf. Die Tür zur Tanzschule Schwanenhals stand weit offen. Anton blieb stehen und horchte. Wie erwartet, hörte er weder die Stimme von Rüdiger noch die von Lumpi oder Anna. Er holte tief Luft und trat ein. Zu seiner Erleichterung beachtete ihn niemand. Die Mädchen und Jungen standen in kleinen Gruppen zusammen und unterhielten sich. Melanie lehnte am Klavier und sprach mit den rotblonden Zwillingen. Antons Herz klopfte schneller.

In diesem Augenblick kam Herr Schwanenhals aus dem Nebenraum. Er trug einen grauen Anzug, ein rosa Hemd und eine leuchtend rote Krawatte, auf die ein weißer Schwan gestickt war.

Mit ausgebreiteten Armen eilte er auf Anton zu. «Der junge Herr Bohnsack! Wie freut es mich doch, dass Sie sich entschlossen haben, unserem munteren Kreis beizutreten!» Er legte seine Hände auf Antons Schultern.

«Meine werten Damen und Herren, darf ich Sie um Ihre Aufmerksamkeit ersuchen?», rief er. «Bitte heißen Sie Herrn Anton Bohnsack in unserer Mitte herzlich willkommen!»

Alle klatschten. Anton hustete verlegen.

«Damit hat sich die Zahl unserer tanzenden Herren auf acht erhöht!», verkündete Herr Schwanenhals.

«Nein, auf zehn!», widersprach Anton.

«Wie kommen Sie auf zehn, Anton?» Herr Schwanenhals zog seine Augenbrauen, die wie seine Haare silberblond waren, fragend in die Höhe.

«Zwei – äh – Freunde von mir wollen noch kommen», sagte Anton. «Es sind Brüder», fügte er hinzu. «Und ihre jüngere Schwester bringen sie auch mit.»

«Tatsächlich?» Herr Schwanenhals schien gar nicht so angetan zu sein, wie Anton geglaubt hatte. «Wir sehen es nicht allzu gern, wenn jemand aus heiterem Himmel bei uns hereinschneit», erklärte er.

«Aus heiterem Himmel?» Anton grinste in sich hinein. Im Fall der Vampire war das genau der richtige Ausdruck! Nur würde man anstelle von *hereinschneien* wohl besser *hereinschweben* sagen ...

«Und für alle, die einmal ganz unverbindlich in unsere Tanzschule hineinschnuppern möchten, gibt es die Schnupperstunde am Mittwoch!» Herr Schwanenhals lachte etwas angestrengt. «Aber ich nehme an, Sie haben Ihre Freunde bereits eingeladen, Anton?»

«Ja!»

«Nun ... in diesem Fall werden wir eine Ausnahme machen. Und im Übrigen ist heute Freitag – da kann man ruhig etwas freizügiger sein, haha!»

«Aber wenn Antons Freunde ihre Schwester mitbringen, sind wir wieder *ein* Mädchen zu viel!», warf die große Blonde mit dem Pferdeschwanz ein.

«Ist doch prima!», erwiderte der Junge mit der Stoppelfrisur. «Dann hat man mehr Auswahl!»

«Ekel!», zischte die Blonde.

«Meine Herrschaften, ich bitte Sie!», tadelte Herr Schwanenhals. «Eine weitere tanzbegeisterte Dame wäre nur gut für unsere Tanzstunde. Wissen Sie denn, wann wir Ihre Freunde erwarten dürfen?», wandte er sich an Anton.

«Eigentlich müssten sie längst hier sein», sagte Anton.

«Ach, Ihre Freunde haben wohl eine längere Anfahrt?»

«Das nicht. Sie könnten sogar zu Fuß gehen. Aber zu Fuß gehen sie nie – fast nie!»

«Dann sollten wir jetzt trotzdem beginnen.» Herr Schwanenhals setzte sich ans Klavier. «Wie immer wollen wir zum Auftakt unserer Tanzstunde unser Lied singen!»

Die Mädchen und Jungen stellten sich im Kreis auf.

«Hallo, Anton!» Auf einmal stand Melanie neben Anton.

«Hallo!», antwortete er.

«Ich finde es richtig toll, dass du mitmachst!», flüsterte sie und nahm Antons Hand.

Herr Schwanenhals griff in die Tasten und sang mit lauter Stimme: «Wo lernt man Walzerschritte –»

«Wo sagt man Danke und Bitte», fielen die Tanzschüler im Chor ein.
«Wo fühlt man sich zu Hause
bei Saft und auch bei Brause,
wo wird sogar ein Trauerkloß
die traurigen Gedanken los?
Man braucht sie wie zum Ei das Salz ...»
Melanie drückte Antons Hand.
«Man braucht sie wie zum Ohr das Schmalz», sang sie, «die Tanzschule Schwanenhals!»
Sie sahen sich an und lachten.
«Und nun wollen wir unsere Plätze einnehmen!», kündigte Herr Schwanenhals an.
«Bis gleich, Anton!», sagte Melanie und lief zu den Stühlen am Fenster.
Anton setzte sich zu den Jungen auf die andere Seite des Saals.
Herr Schwanenhals begann Walzermusik zu spielen – «Wiener Blut», das Lieblingslied von Anna ...

Von adligem Geblüt

Bei den ersten Takten erhoben sich alle Tanzschüler von ihren Plätzen und gingen in die Saalmitte. Nur Anton blieb sitzen, den Blick auf die Tür gerichtet. Aber noch immer zeigte sich keiner der Vampire ...

«Willst du gar nicht tanzen?», fragte da neben ihm Melanie.

«Doch.» Anton stand auf.

Diesmal musste Melanie ihm nicht sagen, wohin er seinen Arm legen sollte: unter ihr linkes Schulterblatt. Und auch die Walzerschritte gingen schon fast wie von selbst ...

«Du hast in der Zwischenzeit geübt, stimmt's?», sagte Melanie.

«Geübt? Wie meinst du das?»

«Ich wette, du hattest eine Privatstunde bei Herrn Schwanenhals!»

«Nein!»

«Aber du tanzt heute wie ...» Melanie brach ab und blieb stehen. «Sind das deine Freunde?», fragte sie.

Anton drehte sich um. Plötzlich wurde es ganz still im Saal. Alle starrten auf die Dreiergruppe an der Tür.

Lumpi, Rüdiger und Anna hatten sich herausgeputzt wie zu einem festlichen Ball. Bestimmt waren das ihre neuen Edelklamotten von Graf Dracula!, dachte Anton.

Anna trug ein bodenlanges dunkelrotes Samtkleid, eine schwarze Stola, schwarze Handschuhe und ein Gesteck aus Federn in ihrem zu einer Hochfrisur aufgetürmten Haar. Rüdiger hatte sich einen schwarzen Anzug angezogen, dazu ein lila Hemd und eine schwarze Fliege. Lumpi sah aus, als würde er die Hauptrolle in einem Mozart-Film spielen: Er trug braune Bundhosen über weißen Kniestrümpfen, eine goldfarbene Samtjacke und darunter ein weißes Rüschenhemd. Nur die gepuderte Zopfperücke fehlte! Nein, noch etwas fehlte: Die Vampire trugen ihre Umhänge nicht ...

«Einen wunderschönen guten Abend wünsche ich den Herrschaften!», rief Herr Schwanenhals, der von seinem Klavierhocker aufgestanden war.

«Guten Abend!», krächzte der kleine Vampir. Anna, die auffallend rote Wangen hatte, winkte Anton zu.

Lumpi verneigte sich. «Sind wir hier richtig bei der Tanzschule Schwarzer Hals?»

«Schwanenhals», verbesserte Herr Schwanenhals. «Der Name lautet Schwanenhals!»

«Und du hast gesagt, die Tanzschule heißt Schwarzer Hals!», fuhr Lumpi Rüdiger an.

«Ich hab überhaupt nichts gesagt!», fauchte der kleine Vampir.

«Ist auch besser, wenn du deinen Mund hältst!» Mit federnden Schritten ging Lumpi auf Herrn Schwanenhals zu. «Darf ich mich vorstellen: Ich bin Lumpi von Schlotterstein der Starke!»

«*Von* Schlotterstein?», sagte Herr Schwanenhals. «Sie sind von adligem Geblüt?»

«Und ob!», bestätigte Lumpi. «In unseren Adern fließt uraltes transsylvanisches Fürstenblut!»

Anna und Rüdiger kicherten.

Sichtlich beeindruckt verbeugte sich Herr Schwanenhals. «Es ist mir eine Ehre, Ihre Bekanntschaft zu machen, Herr von Schlotterstein!»

«Eine Ehre? Mit der Meinung stehen Sie ziemlich allein da!», sagte der kleine Vampir.

Lumpi warf ihm einen zornigen Blick zu. «Du schließt mal wieder von dir auf andere!»

«Aber ich bitte Sie, meine Herrschaften! Wir wollen doch keinen Streit!», beschwichtigte Herr Schwanenhals. «Würden Sie mir nun verraten, wie Ihre Geschwister heißen, Herr von Schlotterstein?»

Lumpi zeigte auf den kleinen Vampir. «Das ist Rüdiger von Schlotterstein der Vorlaute!»

Der kleine Vampir gab ein Knurren von sich, sagte aber nichts.

«Und das Rotbäckchen ist meine kleine Schwester, Anna von Schlotterstein, ehemals die Zahnlose. Jetzt nennt sie sich Anna die Mutige.»

«Ich nenne mich nicht nur so. Ich bin es!», entgegnete Anna hoheitsvoll.

«Eine reizende Gruppe junger Leute sind Sie!», bemerkte Herr Schwanenhals. «Und Ihre erlesene Kleidung ist eine ganz besondere Freude für mein altes Tanzlehrerherz!»

Lumpi runzelte die Stirn. «Sooo alt kann Ihr Tanzlehrerherz doch gar nicht sein ...»

«Nein. In der Tat nicht.»

«Oder haben Sie Herzprobleme? Schlechte Durchblutung, Herzflattern und dergleichen?»

«Ganz und gar nicht. Der Tanzsport hält mich biegsam und beweglich!»

«Vor allem Ihren Schwanenhals, wie?» Lumpi lachte meckernd.

Herr Schwanenhals verzog säuerlich die Mundwinkel. Offenbar verstand er keinen Spaß, wenn es seinen Namen betraf.

«Und Sie, Ihre Geschwister und unser junger Herr Anton

sind gute Freunde?», fragte er, jetzt wieder ganz geschäfts-mäßig.

«Sehr gute!», rief Anna.

«Ich würde sagen: ziemlich gute», schränkte Lumpi ein.

«Und warum nur ziemlich gute?», wollte Anna wissen.

«Hat Anton uns etwa nicht in die Tanzschule Schwanenhals eingeladen? Ich finde, so etwas tut nur ein sehr guter Freund!»

«Ein sehr guter Freund würde alles mit dir teilen», entgegnete Lumpi. «Und Anton kann äußerst geizig sein, wenn es ums Essen und Trinken geht!»

«Das stimmt», gab Rüdiger ihm Recht.

Die drei Vampire lachten prustend. Für einen Moment konnte Anton ihre Vampirzähne sehen – die Raubtierfänge von Lumpi, die kräftigen, nadelspitzen Vampirzähne von Rüdiger und Annas Eckzähne, die auch schon recht lang und spitz waren ... Ihn überlief ein Schauer.

«Dann sollten wir nun mit unserer Tanzstunde fortfahren», sagte Herr Schwanenhals. «Haben Sie und Ihre Geschwister schon etwas Tanzerfahrung, Herr von Schlotterstein?»

«Etwas?», rief Lumpi. «Ich bin –»

«Das musst du gar nicht alles erzählen!», unterbrach Anna ihn.

«Und warum nicht?», schnaubte Lumpi.

«Weil wir nicht hergekommen sind, um zu reden, sondern um zu tanzen!», antwortete sie.

«Genau!» Der kleine Vampir reckte sich.

Mit einem süßlichen Lächeln ging er auf Melanie zu,

machte eine ungeschickte Verbeugung und fragte: «Wollen wir tanzen?»

Zu Antons Verblüffung erwiderte Melanie Rüdigers Lächeln.

«Sehr gern, Rüdiger!», säuselte sie.

Der kleine Vampir bewegte seinen Arm wie ein Dirigent, der seinen Taktstock schwingt, und rief: «Musik!»

Herr Schwanenhals hüstelte. «Verzeihen Sie, wenn ich Sie belehre», sagte er. «Aber in meiner Tanzschule pflegen wir einen gesitteten, wohlerzogenen Umgangston. Würden Sie so freundlich sein und Ihre Bitte noch einmal in höflicher Form vortragen, Herr Rüdiger?»

«Hä?», machte der kleine Vampir. «Welche Bitte?»

«Ja, welche Bitte?», sprang Lumpi ihm bei. «Wir von Schlottersteins bitten nie um etwas!»

«Wie es scheint, haben Sie noch viel zu lernen, meine Herren», erwiderte Herr Schwanenhals.

Damit ging er ans Klavier und begann «Wiener Blut» zu spielen.

Die Qual der Wahl

Inzwischen hatten sich die meisten Mädchen und Jungen in der Saalmitte zum Tanzen aufgestellt. Anton hielt Ausschau nach Anna, als auf einmal eine heisere Stimme fragte: «Darf ich bitten?»

Es war Lumpi …

«Nein, du darfst *nicht* bitten!», sagte Anton.

«Tss, tss …» Lumpi schnalzte mit der Zunge. «Ist das der gesittete, wohlerzogene Umgangston, den man in deiner Tanzschule lernt?»

«Erstens ist es nicht *meine* Tanzschule. Und zweitens tanzen hier Jungen mit Mädchen!»

«So? Beim letzten Mal haben wir beide aber sehr schön zusammen getanzt! Oder hast du das vergessen … Antonia?»

Anton spürte, dass er rot anlief. «*Antonia* war ich nur in Transsylvanien auf eurer Wiedervereinigungsparty! Und auch nur deshalb, weil meine Mutter eine *Mädchen*tracht gekauft hatte!»

«Deine Mädchentracht hat dir aber hervorragend gestanden! Unter uns gesagt: Ich hab dich noch nie so … hihi … zum Anbeißen gefunden wie an jenem Abend!»

Anton presste die Lippen zusammen und schwieg.

«Na, was ist?» Lumpi knuffte ihn in die Seite. «Tanzen wir jetzt?» Anton sah sich nach Anna um. Doch er konnte sie nirgendwo entdecken. «Wenn du darauf bestehst …»

«Absolut!», sagte Lumpi. «Ich stehe auf dich!»

Damit packte er Anton bei der Hand und zog ihn mit sich. Er legte seine Pranken um Antons Taille, und der Tanz begann: Lumpi hob Anton hoch, schwenkte ihn durch die Luft, drehte ihn im Kreis …

Welcher Tanzstil das auch immer sein sollte – Wolfsgalopp oder Höllentango oder Vampir-Tarantella –, Walzer war es jedenfalls nicht!

Lumpis ausgefallene Art zu tanzen blieb nicht lange unbemerkt. Zu Antons Erleichterung brach Herr Schwanenhals sein Klavierspiel ab und rief: «Entschuldigen Sie, Herr Lumpi, aber wir üben hier Walzerschritte!»

«Was?» Lumpi legte die Hand ans Ohr, als wäre er schwerhörig.

«Wie bitte!», verbesserte Herr Schwanenhals. «Wir sagen ‹Wie bitte›!»

«Wir von Schlottersteins bitten nie», erwiderte Lumpi. «Das sollten Sie allmählich wissen!»

«Zu Hause können Sie das halten, wie Sie möchten», entgegnete Herr Schwanenhals. «Aber in meiner Tanzschule stelle ich die Regeln auf. Und wenn die Ihnen nicht gefallen, steht es Ihnen frei zu gehen!»

«Schon gut», sagte Lumpi schnell. «Ich will ja tanzen! Spielen Sie ruhig weiter.» Er räusperte sich. «Bitte ...»

«Sehen Sie? Es geht doch!», lobte Herr Schwanenhals. «Ich möchte allerdings vorschlagen, dass Sie sich nun mit einer jungen *Dame* zusammentun.»

«Genau!», pflichtete Anton ihm bei.

«Und zwar mit einer jungen Dame, die bereits die Grundschritte des Walzers beherrscht!», fuhr Herr Schwanenhals fort. «Es sind auch noch zwei begabte Tänzerinnen frei!»

«Wo?» Lumpi ließ den Kopf kreisen.

«Hier!», rief die große Blonde mit dem Pferdeschwanz. Sie und eine Rothaarige saßen am Rand und guckten zu. Eigentlich hätten es *drei* Mädchen sein müssen, überlegte Anton, denn auch Anna hatte er nicht auf der Tanzfläche entdeckt ...

«Nun haben Sie die Qual der Wahl!», sagte Herr Schwanenhals.

Mit wenig begeisterter Miene ging Lumpi auf die Rothaarige zu. Sie stand auf und folgte ihm in die Saalmitte.

«Und jetzt können *Sie* sich Ihre Partnerin wählen, Anton», sagte Herr Schwanenhals.

Offenbar sollte das ein Scherz sein – immerhin war nur noch die Blonde mit dem Pferdeschwanz übrig. Und die war mehr als einen Kopf größer, stellte Anton fest, als sie sich nun von ihrem Stuhl erhob und auf ihn zukam.

«Hallo! Ich bin Susanne!», begrüßte sie ihn. «Es freut mich, Sie kennen zu lernen!»

«Welche sie?»

«Sie, Anton!»

«Ach so ...» Erst jetzt verstand er, dass Susanne ihn mit «Sie» anredete.

«Herr Schwanenhals möchte, dass wir uns siezen», erklärte sie.

«Ich weiß», sagte er.

«Aber wenn Sie wollen, können wir uns auch duzen.» Sie lachte affektiert.

«Nein, nein», antwortete er. «Wenn Herr Schwanenhals das möchte, sollten wir uns siezen.»

«Ich hab die ganze Zeit gehofft, dass Sie mich auffordern», plapperte Susanne, während sie in die Saalmitte gingen. «Ich finde, Sie sind der interessanteste Junge in der gesamten Tanzstunde!»

«Das sollte Herr Schwanenhals besser nicht hören», meinte er.

«Und warum nicht?»

«Weil *interessant* ein Fremdwort ist.»

«Dann sind Sie eben der *aufregendste* Junge hier!»

«Das stimmt!» Plötzlich stand Anna neben ihnen.

Bravo, Schwesterchen!

Erschrocken sah Anton, dass Annas Gesicht eine tiefrote Farbe bekommen hatte. Ob sie dermaßen eifersüchtig war, weil er mit Susanne tanzte? Aber ihn traf gar keine Schuld, denn immerhin war sie nicht da gewesen, als er ein Mädchen zum Tanzen auffordern musste.

«Anton ist *mein* Tanzpartner!», stellte Anna klar. «Er hat sich in *mein* Kavaliersbüchlein eingetragen!»

«Kavaliers-Tüchlein?», kicherte Susanne. «Zum Naseputzen?»

«Pah! Naseputzen! Es ist ein Buch!», fauchte Anna. «Ein Buch zum Hineinschreiben!»

Aus einem perlenbestickten Beutel, der an ihrem Gürtel befestigt war, zog sie das lila Büchlein. Sie schlug es auf und las vor: «Dass du gern tanzt, weiß ich, ich erwarte dich morgen Abend um fünf Uhr dreißig. Dein Anton!»

Sie schaute Anton mit einem zärtlichen Lächeln an.

«Kavaliersbüchlein …», sagte Susanne abschätzig. «Das klingt noch verstaubter, als du aussiehst! Ich wette, dein Kleid kommt direkt aus der Mottenkiste!»

Anna stieß einen spitzen Schrei aus.

«Und die Motten, die vorher in der Kiste waren, sitzen jetzt alle in deinen Haaren! Deswegen sehen sie so angenagt aus!»

«Na warte!», rief Anna. «Das wirst du bereuen, du … du Ackergaul!»

Wütend zog sie an Susannes langem Pferdeschwanz. Susanne schnaufte laut und riss an Annas Haaren. Auf einmal hielt sie eine Haarsträhne von Anna in der Hand.

Anna gab einen Schmerzensschrei von sich. Dann ging eine erschreckende Verwandlung mit ihr vor: Sie fletschte ihre Zähne, und ein bedrohliches Knurren kam aus ihrer Kehle. Ihr Blick wurde ganz starr, und mit ausgestreckten Händen

ging sie auf Susanne los. Bestimmt hätte sie Susanne in den Hals gebissen – wenn Anton sie nicht in letzter Sekunde an ihrer Stola zurückgezogen hätte.

«Nicht, Anna!», beschwor er sie.

«Sind Sie denn völlig von Sinnen, meine Damen?», ertönte da die Stimme von Herrn Schwanenhals. «Ein derartiges Benehmen wird in meiner Tanzstunde nicht geduldet!»

Anna gab ein Fauchen von sich und zeigte ihre Zähne. Susanne wich zurück, und auch Anton machte einen Schritt zur Seite. So außer sich hatte er Anna noch nie erlebt! Offenbar war die Lehrzeit bei Graf Dracula doch nicht ohne Folgen geblieben ...

«Sie, Fräulein Susanne, und Sie, Fräulein Anna, werden einander jetzt um Verzeihung bitten!», verlangte Herr Schwanenhals.

«Ich soll um Verzeihung bitten?», empörte sich Susanne. «Aber die Vogelscheuche da hat angefangen!»

«Kein aber!», erwiderte Herr Schwanenhals. «Sie werden sich meiner Anweisung fügen und einander um Verzeihung bitten! Und keine weiteren Beleidigungen!», fügte er hinzu. «Zuerst Sie, Fräulein Susanne!»

Die Blonde setzte eine Opfermiene auf und lispelte: «Tut mir Leid ...»

«Und nun ist die Reihe an Ihnen, Fräulein Anna!» Herr Schwanenhals nickte Anna aufmunternd zu.

Anna reckte ihr Kinn. «Wir von Schlottersteins bitten nie!» Sie drehte sich um und rauschte zum Ausgang.

«Bravo, Schwesterchen!» Lumpi klatschte in die Hände.

«Komm, Rüdiger», rief er dem kleinen Vampir zu. «Wir machen auch 'ne Fliege!»

Rüdiger schüttelte den Kopf. «Ich bleibe.»

«Sag bloß, dir gefällt das lahme Geschwofe?»

«Es ist nicht nur die Tanzstunde, die mir gefällt ...» Der kleine Vampir sah Melanie tief in die Augen.

Sie wurde rot.

«Na, dann weiterhin viel Spaß!», bemerkte Lumpi.

Er stapfte zur Tür. «Mir stinkt der ganze Laden!»

«Ich muss doch sehr bitten!», entrüstete sich Herr Schwanenhals.

«*Du* stinkst, Lumpi», krähte Susanne. «Und zwar nach Mief und Moder!»

Mehrere Tanzschüler lachten.

«Danke für die Friedhofsblumen!», antwortete Lumpi.

An der Tür hielt er inne. «Soll ich Ihnen mal sagen, was ich von Ihrer Tanzstunde halte?», rief er.

«Nicht nötig», erwiderte Herr Schwanenhals frostig. «Sie haben bereits mehr als genug gesagt.»

Doch Lumpi ließ sich nicht beirren. «Das hier ist keine Tanzstunde», verkündete er. «Das ist ein Kasernenhof!»

Herr Schwanenhals räusperte sich scharf. «Halten Sie Ihre Zunge im Zaum, junger Mann!»

«Und für so was hab ich meine Männergruppe sausen lassen!», krächzte Lumpi, bevor er die Tür hinter sich zuwarf.

Herr Schwanenhals band seine Krawatte fester.

«Ein ungewöhnlicher Eigengeruch ist kein Grund, sich über jemanden abwertend zu äußern», belehrte er Susanne.

«Und außerdem wollten wir *Sie* zueinander sagen. Das fördert die gegenseitige Achtung. Und an der hat es heute Abend leider erheblich gemangelt. Insofern ist unsere Tanzstunde diesmal zu einer Lehrstunde in gutem, gesittetem Benehmen geworden. Aber auch das muss hin und wieder sein, wie Sie selbst erlebt haben, meine Herrschaften! Und was Sie betrifft, Herr Rüdiger», wandte er sich an den kleinen Vampir, «so freut es mich, dass Sie sich Ihren Geschwistern nicht angeschlossen haben!»

Rüdiger lächelte geschmeichelt.

«Ich nehme an, Sie haben es zu Hause nicht immer ganz leicht?», fragte Herr Schwanenhals vertraulich.

«Nein», bestätigte der Vampir.

«Umso bemerkenswerter ist es, dass Sie den Mut aufgebracht haben zu bleiben. *Sie* sollte man *den Mutigen* nennen!»

«Besten Dank!»

«Und über *Ihre* Lippen ist kein grobes Wort gekommen», sagte Herr Schwanenhals in schwärmerischem Ton. «Als Tanzlehrer macht man sich oft keine Vorstellungen davon, mit welchen Schwierigkeiten die Tanzschüler daheim zu kämpfen haben!»

«Wem sagen Sie das ...», antwortete der Vampir.

Herr Schwanenhals ging ans Klavier zurück.

«Bedauerlicherweise leben wir heutzutage in einer Welt voller Unruhe und Zwietracht», erklärte er. «Orte des friedvollen Beisammenseins wie unsere Tanzschule Schwanenhals werden immer seltener – und immer wichtiger! Deshalb werden wir es auch nicht hinnehmen, wenn hässliche Streitereien uns die Luft vergiften!»

Er schlug ein paar Takte an.

«Für die noch verbleibende Zeit wollen wir nun die heilenden Kräfte der Musik auf uns wirken lassen. Wenn Sie so freundlich sein und sich wieder für Ihre Walzerschritte zusammenfinden würden!»

Ein tolles Paar

Anton schaute zu Melanie hinüber. Aber sie hatte sich bereits mit dem kleinen Vampir zum Tanzen aufgestellt. Sein Blick wanderte weiter, und da sah er, dass Susanne sich in Bewegung gesetzt hatte – und zwar in seine Richtung!

Mit ein paar schnellen Schritten war er bei der Rothaarigen, die auch noch keinen Partner hatte. Er verbeugte sich und fragte: «Tanzen wir?»

Sie nickte. «Ich bin Annette», stellte sie sich vor.

«Anton!», sagte er.

Herr Schwanenhals begann einen Walzer zu spielen. Anton biss sich auf die Lippen. Er wusste plötzlich nicht mehr, was er mit seinen Armen machen musste ...

«Deine rechte Hand soll unter meinem linken Schulterblatt liegen», half Annette ihm aus. «Und mit deiner linken Hand nimmst du meine rechte Hand. Und dann stellst du deinen rechten Fuß nach vorn, zwischen meine Füße.»

«Jetzt kann ich mich erinnern», sagte er. «Danke!»

Sie machten ein paar Drehungen.

«Dein Name passt zu dir», bemerkte er.

Sie runzelte die Stirn. «Und warum?» Anscheinend glaubte sie, er wolle etwas Unfreundliches sagen.

Stattdessen erklärte er: «Weil du nett bist!»

Ihr Gesicht wurde noch röter als ihr Haar. Aber sie war wirklich nett. Und aus der Nähe sah sie recht gut aus. Nicht so gut wie Melanie ... doch die hatte jetzt sowieso einen anderen.

Während Anton den kleinen Vampir und Melanie beobachtete, dachte er, dass die beiden mit Abstand die besten Tänzer waren. Sie glitten in völliger Harmonie und scheinbar ohne jede Anstrengung über das Parkett. Ob Rüdiger wirklich so gut im Tanzen war oder ob es nur an Melanies geschickter Führung lag?

«Die beiden sind ein tolles Paar, findest du nicht?», fragte Annette.

Anton gab keine Antwort. Seiner Meinung nach waren *er* und Melanie ein noch tolleres Paar. Andererseits hatte er bereits eine Freundin: Anna. Und der heutige Abend hatte gezeigt, dass mit der neuen Anna – der Anna, die sich sogar mit Graf Dracula anlegte – nicht zu spaßen war ... Schwanenhals brach sein Klavierspiel ab.

«Leider bleibt uns nur noch die Zeit für unseren abschließenden Schwanentanz», verkündete er.

Susanne meldete sich und schnipste aufgeregt mit den Fingern.

«Was ist denn, Fräulein Susanne?», fragte Herr Schwanenhals sichtlich genervt.

«Rüdiger –» Susanne zeigte auf den kleinen Vampir. «Als er

eben an der Säule mit den Spiegeln vorbeigetanzt ist, hab ich gesehen, dass er kein Spiegelbild hat!»

«Erstens zeigen wir nicht mit dem Finger auf andere Herrschaften», erwiderte Herr Schwanenhals. «Und zweitens sollten Sie vielleicht einmal Ihre Brille aufsetzen, Fräulein Susanne.»

«Ich hab überhaupt keine Brille», erwiderte Susanne. «Und ich konnte ganz genau erkennen, dass er kein Spiegelbild hat!»

Diesmal ignorierte Herr Schwanenhals sie.

«Schwa-Schwa-Schwanentanz, wir wackeln alle mit dem Schwanz ...», sang er, und die Tanzschüler fielen mit ein.

Am lautesten sang der kleine Vampir.

«Wir schütteln das Gefieder und hüpfen auf und nieder, wir machen unsern Hals ganz lang und gehn umher im Watschelgang ...»

Rüdiger wackelte wild mit den Hüften, schüttelte sich, machte Luftsprünge, reckte seinen Hals und ging in die Knie, um zu watscheln.

Als der Tanz vorbei war, rief er ohne zu überlegen: «Nochmal!» Herr Schwanenhals lachte und begann noch einmal von vorn.

Anton dachte daran, wie der kleine Vampir auf dem Friedhof den Schwanentanz probiert hatte und wie er sich beim Schütteln seines Vampirumhangs in die Luft erhoben hatte.

Auf einmal verstand er, warum Rüdiger – genau wie Lumpi und Anna – ohne seinen Vampirumhang in die Tanzstunde gekommen war!

«Vortrefflich, meine Herrschaften!», lobte Herr Schwanenhals. «Damit wären wir am Ende unserer heutigen Tanz-stunde angelangt.»

«Schade», murrte der kleine Vampir.

«Alles Schöne muss einmal zu Ende gehen. Auch das lernen wir hier in unserer Tanzstunde», belehrte ihn Herr Schwa-nenhals. «Auf Wiedersehen, meine Damen und Herren!»

«Auf Wiedersehen, Herr Schwanenhals!» Die Mädchen und Jungen, darunter auch Melanie, liefen lachend zum Ausgang. Der kleine Vampir schloss sich ihnen an.

«Herr Rüdiger?», rief da Herr Schwanenhals.

Der Vampir blieb stehen. «Ja?» Misstrauen lag auf seinem Gesicht.

«Dürfte ich Sie einen Augenblick sprechen?»

«Und weswegen?»

Was Herr Schwanenhals antwortete, konnte Anton nicht mehr verstehen, weil nun seine Mutter mit einem lauten «Entschuldige, Anton, dass ich mich verspätet habe! Aber der Verkehr war einfach furchtbar!» auf ihn zugelaufen kam.

Sie blickte hinüber zu Herrn Schwanenhals. «Guten Abend, Herr Schwanenhals!»

«Einen wunderschönen guten Abend, Frau Bohnsack!», antwortete er.

«Gehen wir!», drängte Anton. Er hakte sich bei ihr ein und wollte sie zum Ausgang schieben.

«Moment!», sagte sie und deutete mit einem Kopfnicken auf den kleinen Vampir. Zum Glück stand der so, dass sie ihn nur im Profil sehen konnte. «Ist das nicht –»

«Nein!», unterbrach Anton sie. «Ganz bestimmt nicht!»

«Du weißt ja gar nicht, was ich fragen wollte!», entgegnete sie.

«Doch», widersprach er. «Ich weiß, dass du überall Gespenster – nein, kleine Vampire siehst!»

«Sehr witzig!», zischte sie.

Dann rief sie: «Auf Wiedersehen, Herr Schwanenhals. Und vielen Dank!»

«Wofür hast du dich eigentlich bedankt?», fragte Anton, als sie im Auto saßen.

«Dafür, dass Herr Schwanenhals sich mit dir abgibt», antwortete sie. «Du bist manchmal ganz schön anstrengend!»

Anton grinste. «Aber nur manchmal.»

Schweigen wie ein Grab

Anton war gerade in sein Bett gestiegen, als jemand laut und fordernd an die Scheibe pochte. Auf Zehenspitzen ging er ans Fenster und spähte durch einen Spalt im Vorhang. Doch draußen auf dem Fenstersims saß nicht Tante Dorothee, wie er befürchtet hatte, sondern der kleine Vampir.

«He! Mach auf!», verlangte Rüdiger.

Anton öffnete, und der kleine Vampir sprang mit einem Satz ins Zimmer.

«Du musst mir helfen!», verkündete er.

«Ist etwas passiert?»

«Allerdings!»

«Mit Tante Dorothee?»

«Auch. Willst du zuerst die guten oder die schlechten Nachrichten hören?»

«Die schlechten», sagte Anton nach kurzem Überlegen. Man sollte immer mit dem Schlimmsten anfangen, fand er, denn danach konnte es nur besser werden!

«Erinnerst du dich an die Dose mit der Heimaterde, die du mir vorgestern gegeben hast?», fragte der kleine Vampir.

«Sicher. So vergesslich bin ich nicht.»

«Gestern Nacht hat Tante Dorothee heimlich, still und leise die Erde in der Dose verlängert!»

«Verlängert? Du meinst mit Friedhofserde vermischt?»

«Ja. Aber Tante Dorothee hat keine normale Friedhofserde genommen, sondern Erde von Schnuppermauls Hügelbeet, auf dem er sein ... brr! Grünzeug anbaut! Und seitdem wachsen Anna und Tante Dorothee Tomaten im Gesicht!»

«To-Tomaten?», stammelte Anton.

«Natürlich wachsen nicht wirklich Tomaten in ihren Gesichtern», beruhigte ihn der kleine Vampir. «Jedenfalls noch nicht. Aber ihre Haut ist tomatenrot. Außerdem brennt sie wie Feuer.»

«Deshalb ...»

«Deshalb was?»

«In der Tanzstunde dachte ich, Anna wäre vor Eifersucht so rot im Gesicht», erklärte Anton.

«Nein, das kam durch ihre Gesichtsmaske», antwortete der kleine Vampir. «Sie muss sich jetzt auch ständig kalte Umschläge und Kräuterkompressen machen.»

«Arme Anna!», meinte Anton. «Und was sagt Tante Doro-thee?»

«Tante Dorothee?» Der kleine Vampir kicherte. «Die fin-det, es ist eine glückliche Fügung!»

«Eine glückliche Fügung? Wenn die Haut wie Feuer brennt?»

«Sie ist überzeugt, dass sich ihre Gesichtshaut vollständig abschält und dass darunter eine zarte Babyhaut zum Vor-schein kommt!»

«Ist das die gute Nachricht?»

«Bewahre, nein! Anna sagt, Tante Dorothees Haut wird noch faltiger und schrumpeliger aussehen. Und das wäre dann eine äußerst schlechte Nachricht!»

Anton erbleichte. «Und welches ist die gute Nachricht?»

«Gute Nachrichten gibt es mehrere. Die erste ist, dass Tante Dorothee keine Ahnung hat, wie ich an die Dose mit der Heimaterde gekommen bin. Die zweite gute Nachricht ist, dass ich entschlossen bin, darüber auch weiterhin zu schweigen wie ein Grab.»

Der kleine Vampir machte eine bedeutungsvolle Pause. «Womit wir bei der dritten guten Nachricht sind, der schönsten Nachricht von allen! Auf die müsstest du eigent-lich selbst kommen!»

«Wieso ich?»

Der kleine Vampir ging leise lachend zwischen dem Fenster und dem Bett hin und her. Schließlich blieb er vor Anton ste-hen und sagte: «Besonders fantasievoll bist du nicht, was?»

«Nicht die Bohne», knurrte Anton. «Schließlich heiße ich Bohnsack!»

«Na gut, wenn du nicht von selbst drauf kommst.» Der kleine Vampir räusperte sich. «Ich hab mich ... ähem ... wie soll ich sagen? ... ich hab mich ... hihi ... verliebt!»

«Wirklich?», tat Anton überrascht. «Und in wen?»

«In wen?» Der Vampir riss die Augen auf. «Das fragst du noch?»

«Ist es ein Vampirmädchen?»

«Nein! Es ist –» Der kleine Vampir seufzte tief. «Es ist das zauberhafteste Wesen, das mir jemals begegnet ist. Ihr Name beginnt mit *M* wie Mondschein. Dann kommen ein *E* und ein *L* wie Ewige Liebe ...»

«Hm, schwierig.» In gespielter Ratlosigkeit kratzte sich Anton am Kinn.

«Zur Hölle nochmal, bist du heute Abend begriffsstutzig!», stöhnte der Vampir. «Es ist Melanie!»

«Ach, Melanie.» Anton hatte Mühe, ernst zu bleiben. «Und erwidert sie deine Gefühle?»

«Eben deshalb brauche ich deine Hilfe!», sagte der Vampir. «Du sollst herauskriegen, was sie über mich denkt – natürlich ganz diskret», fügte er hinzu. «Was hältst du davon, wenn wir beide gleich zu ihr hinfliegen und du bei ihr klopfst und sie fragst?»

«Das nennst du diskret?»

«Ja, wenn du ganz vorsichtig klopfst. Wahrscheinlich schlummert sie schon, die Süße!»

«Hast du ihr denn gesagt, wer du bist?»

«Wer ich bin? Das weiß sie doch: Rüdiger von Schlotterstein! Aus uraltem transsylvanischem Adel!»

«Sonst hast du ihr nichts von dir erzählt?»

«Nur dass wir in Transsylvanien unser eigenes Schloss hatten und jede Menge Dienstboten.»

«Hast du Melanie auch gesagt, dass du ein *Vampir* bist und fliegen kannst?»

«Selbstverständlich nicht!»

«Na also! Dann ist es bestimmt keine gute Idee, von draußen an ihr Fenster zu klopfen.»

«Zum Klingeln ist es aber schon zu spät!»

«Und ich weiß auch gar nicht, wo Melanie wohnt», sagte Anton.

«Du weißt nicht, wo sie wohnt?»

«Nein! Das versuche ich dir schon die ganze Zeit klar zu machen: Melanie ist *nicht* meine Freundin! Und ich kenne sie *nicht* näher!»

Der kleine Vampir klickte mit den Zähnen. «Heißt das, ich muss bis zur nächsten Tanzstunde warten, um Melanie wieder zu sehen?»

«Ich schätze, ja.»

«Und wann ist die nächste Tanzstunde?»

«Am Mittwoch um halb sechs.»

«Erst am Mittwoch …», murrte der kleine Vampir. «Und was passiert, wenn Melanie bis dahin einen anderen kennen lernt?»

«Darüber würde ich mir an deiner Stelle keine Gedanken machen», sagte Anton. «Mit dir kann sich doch keiner messen!»

«Du hast Recht!» Der kleine Vampir lachte eitel. «Mit mir kann sich keiner messen!» Er stieg aufs Fensterbrett und breitete die Arme unter dem Umhang aus.

«Gute Nacht, Anton», meinte er ungewohnt leutselig. «Und schlaf schön!»

«Warte!» Anton war noch etwas eingefallen. «Was hatte denn Herr Schwanenhals mit dir zu besprechen?»

«Er hat gefragt, ob er mich als neues Mitglied in seiner Tanzstunde begrüßen darf. Ich hab natürlich ja gesagt. Dann hat er gefragt, wie ich es mit dem Bezahlen halten will, und ich hab gesagt, du regelst das!»

«Was? Ich?»

«Ja! Immerhin kriege *ich* zu Hause kein Taschengeld!»

«Aber –», protestierte Anton.

Doch der kleine Vampir war schon davongeflogen.

Wütend machte Anton sein Fenster zu.

Wie die Geier

«Wie viel kostet eigentlich die Tanzstunde?», erkundigte sich Anton am nächsten Morgen. Sein Vater hatte frische Brötchen geholt und Frühstück gemacht.

«Willst du uns vorrechnen, wie viel wir sparen, wenn wir dir erlauben, nicht mehr hinzugehen?», entgegnete Antons Mutter.

«Irrtum! Ich möchte noch ein paar aus meiner Klasse für die Tanzstunde werben!»

«Oh ...» Sie nahm einen Schluck von ihrem Kaffee. «Dreihundertfünfzig Mark», sagte sie dann.

«So viel?», rief Anton.

Dreihundertfünfzig Mark ... das überstieg seine finanziellen Möglichkeiten bei weitem! Schließlich hatte er auf seinem Sparkonto nur einhundertachtzig Mark! Und seine Oma und seinen Opa, die immer recht großzügig waren, konnte er diesmal nicht um einen Zuschuss bitten, denn sie würden fragen, wofür er das Geld brauchte.

«Billig ist es nicht», bestätigte seine Mutter. «Aber das Geld geben wir gern aus, wenn du in der Tanzstunde Freunde findest und darüber hinaus auch noch Walzerschritte und gute Umgangsformen lernst.»

«Hat Herr Schwanenhals auch Sondertarife?»

«Sondertarife?» Sein Vater lachte. «Du meinst, Mitleidspreise für Trampeltiere und Tollpatsche, die dringend Nachhilfe brauchen?»

«Sehr lustig! Nein, ich meine Sondertarife für besonders Begabte!»

«Falls du jemanden in deiner Klasse hast, der ungewöhnlich begabt ist und die Tanzstunde nicht bezahlen kann, lässt Herr Schwanenhals bestimmt mit sich reden», meinte seine Mutter.

Hoffentlich!, dachte Anton.

Am Montag ging er gleich nach der Schule zur Sparkasse und hob neunzig Mark von seinem Konto ab – genau die Hälfte. Den Rest würde der kleine Vampir selbst aufbringen müssen, hatte er beschlossen. Vielleicht konnte Rüdiger arbeiten – zum Beispiel im Kino, als Platzanweiser bei den Spätvorstellungen!

Als Anton nach Hause kam, fiel ihm auf, dass ihn seine

Mutter merkwürdig vorwurfsvoll ansah. Aber sie sagte nichts. Erst beim Essen rückte sie mit der Sprache heraus.

«Ich hatte in der großen Pause ein sehr aufschlussreiches Gespräch», erklärte sie. «Kannst du dir vorstellen, mit wem?»

«Keine Ahnung», antwortete er.

«Mit Frau Kaas!»

Fast wäre Anton das Stück Pizza, das er soeben zum Mund balancierte, von der Gabel gefallen. «Und worüber habt ihr gesprochen?»

«Frau Kaas war ganz aufgeregt und wollte wissen, ob du mir erzählt hast, dass die Tanzschule Schwanenhals nun auch von den Sprösslingen einer alten Adelsfamilie besucht wird. Nein, hab ich geantwortet, das hat Anton mir nicht erzählt. Einer der jungen Adligen interessiert sich sogar für ihre Melanie, hat sie gesagt. Zuerst hab ich mir nichts dabei gedacht. Aber als sie mir vorschwärmte, Melanies Tanzpartner wäre aus einem alten *transsylvanischen* Adelsgeschlecht, wurde ich doch hellhörig. Und dann fiel mir ein, dass ich am Freitagabend diesen blassen Jungen in dem altmodischen Anzug gesehen hatte, der mir sehr bekannt vorkam ...»

Sie machte eine Pause und sah Anton prüfend an. «Willst du mir wenigstens jetzt die Wahrheit sagen, Anton?»

Er biss sich auf die Lippen. «Du weißt ja sowieso schon, dass es Rüdiger war. Er und seine Schwester, sein Bruder und seine Tante sind aus Transsylvanien zurück.»

«Und warum hast du mir das nicht gleich gesagt?»

«Warum? Weil du Rüdiger, Anna und Lumpi nicht ausstehen kannst!»

«So würde ich es nicht formulieren», antwortete sie. «Aber ich war schon erleichtert, als Rüdiger und seine Familie von hier weggezogen sind. Vati und ich sind beide der Meinung, dass Rüdiger und seine Geschwister nicht der richtige Umgang für dich sind.»

«Ja, weil ihr ständig über mich bestimmen wollt!»

«Das wollen wir keineswegs», entgegnete Antons Mutter. «Wenn wir hin und wieder eine Entscheidung treffen, die dir nicht gefällt, dann geschieht das nur zu deinem Besten.»

«Und Frau Kaas empfindet das genauso», ergänzte sie.

«Was hat denn Frau Kaas mit *mir* zu tun?»

«Nichts. Aber sie macht sich selbstverständlich Gedanken über den Umgang, den Melanie hat. Und was Melanies Bekanntschaft mit Rüdiger betrifft, so war Frau Kaas sehr dankbar für meine Informationen.»

«Hast du Rüdiger etwa bei ihr angeschwärzt?»

«Angeschwärzt …» Antons Mutter lachte. «Das war gar nicht nötig, da Schwarz ohnehin seine Lieblingsfarbe ist. – Nein», fügte sie, wieder ernst geworden, hinzu. «Ich hab ihr nur von der merkwürdigen Kleidung erzählt, die Rüdiger und seine Geschwister immer tragen, von ihrem muffigen Geruch, von den zweifelhaften Erziehungsmethoden ihrer Eltern, die sich offenbar gar nicht um sie kümmern, von ihrer seltsamen Art zu sprechen, bei der jedes dritte Wort *Sarg* oder *Friedhof* ist … Jedenfalls wird Frau Kaas nun am Mittwoch selbst in die Tanzstunde kommen und sich einen persönlichen Eindruck von Rüdiger verschaffen!»

«O nein!», stöhnte Anton.

«O doch! Und ich werde übermorgen auch anwesend sein.»

«Muss das sein?»

«Ja, das muss sein», bestätigte seine Mutter und ergänzte: «Jetzt ist mir übrigens klar, warum ich mich am Freitag nicht in die Kaffeestube von Herrn Schwanenhals setzen sollte: weil du schon wusstest, dass diese ... diese Transsylvanier da sein würden!»

«Ich *wusste* es überhaupt nicht», stellte Anton richtig. «Bei Rüdiger weiß man nie, woran man ist. Er hatte nur angedeutet, dass er vielleicht mal vorbeischauen würde.»

«Und für Rüdiger hast du nach einem Sondertarif gefragt, stimmt's?»

«Ja», gab Anton zu. «Rüdiger ist nämlich ein ganz toller Tänzer!», sagte er kämpferisch. «Und ich finde es richtig gemein, dass ihr euch jetzt wie die Geier auf ihn stürzen wollt!»

«Wir wollen uns nicht *wie die Geier* auf Rüdiger stürzen», entgegnete seine Mutter. «Wir wollen nur unsere Pflicht als Eltern erfüllen.»

«Als Geier-Eltern, was?», knurrte Anton.

Sie verzog den Mund. «Es heißt Rabeneltern. Und Rabeneltern wären wir, wenn wir uns um nichts mehr kümmern würden.»

Eine Pause trat ein.

«Möchtest du noch ein Stück Pizza?», fragte sie.

«Nein, danke», sagte er. «Mir ist der Appetit vergangen. Kann ich jetzt in mein Zimmer gehen?»

«Sicher. Und falls du doch Hunger bekommst, wärme ich

dir – als echte Rabenmutter, die ich bin – die Pizza wieder auf!» Anscheinend war ihre Bemerkung mit der Rabenmutter scherzhaft gemeint, denn sie lächelte.

«Okay.» Anton stand auf und marschierte in sein Zimmer.

Kleine, niedliche Beißerchen

Voller Unruhe wartete Anton am Abend auf den kleinen Vampir. Doch Rüdiger kam nicht, genauso wenig wie Anna und Lumpi.

Auch der Dienstag verging, ohne dass einer der Vampire sich zeigte. Immer wieder trat Anton ans Fenster und blickte in die Nacht hinaus. Einmal glaubte er sogar einen anfliegenden Vampir zu sehen. Es war aber nur der Schatten eines großen Vogels – wahrscheinlich einer Eule.

Je weiter die Uhr vorrückte, desto nervöser wurde Anton. Auf keinen Fall durfte er zulassen, dass der kleine Vampir am Mittwoch völlig unvorbereitet in die Tanzstunde kam und dort auf ein Begrüßungskommando, bestehend aus Frau Kaas und seiner Mutter, traf! Wer wusste denn, wozu die beiden aus «elterlicher Pflicht» heraus imstande waren? Möglicherweise riefen sie die Polizei oder – wie in «Dracula» – jemanden wie Doktor Seward, wenn sie merkten, dass Rüdiger nicht nur ein junger Adliger, sondern ein junger, adliger *Vampir* war ...

Das Beste wäre, Rüdiger würde überhaupt nicht mehr an der Tanzstunde teilnehmen und auch Melanie nicht wieder sehen!, dachte Anton.

Um kurz nach zehn gingen seine Eltern ins Bett. Er wartete noch eine Weile. Dann beschloss er, zum Friedhof zu fliegen. Er streifte sich Onkel Theodors Vampirumhang über und kletterte auf das Fensterbrett. Ein kalter Windstoß fuhr ihm ins Gesicht. Plötzlich zitterte er am ganzen Körper. Doch er biss die Zähne zusammen und bewegte seine Arme kräftig auf und ab. Sofort erhob er sich in die Luft.

Diesmal kam Anton der Flug zum Friedhof viel länger vor. Das seltsame bläuliche Mondlicht, dazu die ungewohnten Laute der Nacht, ja selbst das Geräusch des Windes ... ohne den kleinen Vampir an seiner Seite wirkte alles noch fremder, noch unheimlicher auf ihn!

Endlich hatte er die alte Friedhofsmauer erreicht. Er landete neben dem umgestürzten Grabstein und blickte zu der großen Tanne hinüber, unter der sich das Einstiegsloch zur Gruft Schlotterstein befand. Nichts war zu sehen, nichts war zu hören ...

Wenn er nur wüsste, wo sich Tante Dorothee aufhielt! Falls sie draußen herumschwirrte, könnte er sich schnell in den Schacht hinuntergleiten lassen und einen Zettel mit einer Nachricht in Rüdigers Sarg schieben! Papier und Bleistift hatte er zum Glück eingesteckt. Aber falls Tante Dorothee mit einer Gesichtsmaske im Sarg lag, würde er in sein Verderben rutschen! Bei der Vorstellung, was sie in der Gruft mit ihm anstellen würde, sträubten sich Anton die Haare.

Nein, es blieb ihm nichts anderes übrig, als zu warten, bis entweder Rüdiger, Anna oder Lumpi auftauchten! Er ging ein paar Schritte und setzte sich auf eine Grabplatte. Um nicht einzuschlafen, begann er zu zählen. Er kam bis zweihundertdreiundvierzig – als ihn plötzlich jemand an der Schulter rüttelte.

Er schreckte hoch. «Rüdiger?»

«*Wolf*-Rüdiger!», erwiderte eine tiefe, knarrende Stimme. «Und Hans-Heinrich!»

«Nein ...», stammelte Anton. Vor ihm standen Geiermeier und Schnuppermaul!

«Hab ich dich, du Vampir!», triumphierte Geiermeier und wollte mit einem Holzpflock und einem Hammer auf Anton losgehen.

Doch Schnuppermaul hielt ihn am Ärmel zurück und rief: «Nicht, Hans-Heinrich! Vielleicht ist er gar kein Vampir!»

«Was soll er denn sonst sein?», erwiderte Geiermeier. «Ein Werwolf? Siehst du etwa lange, struppige Wolfshaare?»

«Nein ...»

«Außerdem trägt er einen Vampirumhang!»

«D-der ist nur geliehen», sagte Anton mit zitternder Stimme.

«Von deinem Ober-Vampir, wie?»

«Nein. Vom Kostümverleih.»

«Du glaubst wohl, du kannst mich für dumm verkaufen!», schnaubte Geiermeier. «Aber da bist du an den Falschen geraten! Vampirumhänge, die man im Kostümverleih bekommt, riechen nach chemischer Reinigung. Und deiner hat den Original-Vampirgeruch nach Sargluft und Moder! Den Geruch kenne ich!» Wieder hob er den Arm mit dem Holzpflock.

«Mo-Moment!», rief Anton.

«Willst du um Gnade flehen?» Geiermeier lachte höhnisch.

«Nein. Ich will eine Frage stellen.»

«Ja, und?»

«Vampire erkennt man doch nicht nur an ihren Umhängen, oder?», sagte Anton.

«Sicherlich gibt es auch noch andere Erkennungsmerkmale», antwortete Geiermeier unwirsch.

«Man erkennt sie vor allem an ihren langen, spitzen Vampirzähnen, stimmt's?»

«Richtig!»

«Dann sollten Sie als Erstes nachsehen, ob ich Vampirzähne habe!»

«Ja, das solltest du wirklich, Hans-Heinrich», stimmte Schnuppermaul zu.

«Na gut.» Geiermeier ließ den Arm wieder sinken. «Los, mach schon, Wolf-Rüdiger!»

«Was denn?»

«Leuchte ihm ins Gesicht!»

«Und womit?»

«Mit der Taschenlampe! Du hast sie in deiner Jackentasche!»

«Ach ja.» Schnuppermaul griff in die Tasche seiner Daunenjacke und zog eine Stablampe heraus. Umständlich fingerte er daran herum.

«Ich glaub, die Batterien sind leer», murmelte er.

«Unsinn!», zischte Geiermeier. «Ich hab gestern frische eingelegt. Los, schüttel ein paar Mal kräftig!»

Schnuppermaul schüttelte, und tatsächlich leuchtete das Licht auf. Nun richtete er den Lichtkegel auf Anton. Der machte die Augen zu, und gleichzeitig riss er den Mund weit auf.

«Wusste ich es doch», sagte Schnuppermaul. «Er hat kleine, niedliche Beißerchen! Nicht die Spur von Vampirzähnen!»

Anton blinzelte. «Können Sie die Taschenlampe bitte wieder ausschalten?»

«Nein!», donnerte Geiermeier.

«Doch, Hans-Heinrich. Wir blenden ihn.» Schnuppermaul

schaltete die Taschenlampe aus. «Der Junge ist wirklich kein Vampir», sagte er. «Außerdem hab ich ihn wieder erkannt.»

«Du hast ihn wieder erkannt?»

«Ja. Er ist der nette Blonde mit dem Sandeimer!»

«Welcher nette Blonde? Und welcher Sandeimer?»

«Weißt du nicht mehr: Bei ihm zu Hause wurde der Sand in der Sandkiste ausgewechselt. Da ist er mit seinem Eimerchen und seinem Schäufelchen zu uns auf den Friedhof gekommen und hat ein bisschen gegraben.»

«Ach, *der* Satansbraten!» Geiermeier pfiff durch die Zähne. «Und was für einen Bären willst du uns diesmal aufbinden?», fuhr er Anton an.

«Bären?», tat Anton überrascht. «Ich weiß nicht, wovon Sie sprechen.»

«Irgendeinen Grund musst du doch haben, wenn du nachts allein auf dem Friedhof herumstrolchst! Oder wird bei dir zu Hause wieder der Sand ausgewechselt?» Geiermeier lachte böse.

«Äh ... nein», antwortete Anton, der sich den Kopf nach einer guten Ausrede zerbrach. Da kam ihm eine Idee.

«Ich wollte mir nur ein bisschen die Beine vertreten», sagte er mit Schnuppermauls eigenen Worten. «Wissen Sie, ich hatte furchtbare Zahnschmerzen.»

Wie er gehofft hatte, ergriff Schnuppermaul sofort seine Partei. «Nein, so was, der Junge ist ein Leidensgenosse von mir! Ja, ja, nichts hilft besser gegen Zahnschmerzen als ein Spaziergang über den nächtlichen Friedhof. Vorausgesetzt, es sind keine Vampire unterwegs ...» Er sah sich besorgt um.

«Zahnschmerzen? Das kann er seiner Großmutter erzählen
– und dir natürlich auch. Aber nicht Hans-Heinrich Geiermeier!», erwiderte der Friedhofswärter. «Nein, ich habe
einen ganz anderen Verdacht!»

«Und welchen?»

«Ich wette, *er* ist der Übeltäter, der immer unser Beet plün-
dert!» Geiermeier machte einen drohenden Schritt auf Anton zu. «Nun sag schon: Was machst du mit unserer guten
Knoblaucherde?»

«Kno-Knoblaucherde?», stotterte Anton.

«Jawohl! Deinetwegen werden wir im nächsten Jahr eine
ganz magere Knoblauchernte haben!»

«Sie pflanzen auf dem Hügelbeet Knoblauch an?»

«Ja, im Frühling», bestätigte Schnuppermaul.

«Hast du das gehört? Der Junge hat *Hügelbeet* gesagt!»,
frohlockte Geiermeier. «Damit hat er sich verraten! Na
warte, wenn ich erst mal –»

Weiter kam er nicht, denn plötzlich schrie Schnuppermaul:
«Hans-Heinrich! Ein Vampir!»

Alarmiert fuhr Geiermeier herum. «Wo?»

«Da drüben!» Schnuppermaul zeigte in die Richtung der
großen Tanne.

«Himmel, Gesäß und Nähgarn!», stieß Geiermeier zwischen den Zähnen hervor. «Da ist tatsächlich einer ...»

Im Schatten der Tanne erkannte Anton eine massige,
schwarz gekleidete Figur mit wild aufgetürmten Haaren.
Das musste Tante Dorothee sein!

«Komm, Wolf-Rüdiger! Den Vampir schnappen wir uns!»
Geiermeier lief auf die Tanne zu.

«Und wenn er sich *uns* schnappt, Hans-Heinrich?», jammerte Schnuppermaul und eilte hinter Geiermeier her.

Auch Anton rannte los – allerdings in die entgegengesetzte Richtung!

Nachdem er ein Stück gelaufen war, breitete er die Arme unter dem Vampirumhang aus und flog so schnell er konnte davon.

Das äußere Erscheinungsbild

Außer Atem kam Anton zu Hause an. Er versteckte den Vampirumhang im Schrank, zog seinen Schlafanzug an und legte sich ins Bett. Jetzt konnte er nur noch hoffen, dass der kleine Vampir irgendwann im Laufe der Nacht an sein Fenster klopfte! Doch Rüdiger kam nicht.

Und so stieg Anton am nächsten Abend mit einem sehr unbehaglichen Gefühl im Magen zu seiner Mutter ins Auto. Sie hatte darauf bestanden, dass er seine dunkelblaue Stoffhose und das weiße Polohemd anzog. Damit sollte er Frau Kaas beweisen, dass *er* nicht auf der «Vampirwelle» mitschwamm, wie sie es nannte.

Als sie die Tanzschule Schwanenhals erreichten, sagte Antons Mutter nach einem Blick auf die Autos, die vor der Villa parkten: «Frau Kaas kommt offenbar etwas später.»

«Was für ein Auto fährt sie denn?»

«Einen alten VW-Sparkäfer.»

«In so ein winziges Auto passt sie doch gar nicht rein», sagte Anton. «Und ihre Kugeln erst recht nicht.»

«Was für Kugeln?»

«Die sie zum Kugelstoßen braucht!»

«Wie kommst du darauf, dass Frau Kaas Kugelstoßen macht? Hat Melanie dir das erzählt?»

«Nein. Aber das erkennt man daran, wie Frau Kaas gebaut ist!»

«Anton! Wie jemand aussieht, was für eine Figur er oder sie hat – all das kann sehr trügerisch sein. Man darf jemanden niemals nach dem äußeren Erscheinungsbild beurteilen!»

«Hm, du hast Recht.» Er grinste in sich hinein. «Das gilt vor allem, wenn wir gleich Rüdiger treffen. Ihn darf man ganz besonders nicht nach dem äußeren Erscheinungsbild beurteilen!»

Seine Mutter seufzte, entgegnete aber nichts.

Wie Anton erwartet hatte, war der kleine Vampir noch nicht da. Herr Schwanenhals saß am Klavier und unterhielt sich mit einigen Tanzschülern. Bei ihrem Eintreten stand er auf. Er war genauso gekleidet wie beim ersten Mal: mit seinem dunkelblauen Anzug, einem hellblauen Hemd und der schwarzen Krawatte, auf die ein weißer Schwan gestickt war.

«Guten Abend, Frau Bohnsack!», sagte er zu Antons Mutter. «Wie schön, Sie wieder bei uns begrüßen zu dürfen! Am Freitag hatten Sie wohl keine Zeit?»

«Anton meinte, der Kaffee würde mir woanders besser schmecken», antwortete sie mit einem Seitenblick auf Anton.

Herr Schwanenhals machte ein verständnisloses Gesicht. Dann lachte er gekünstelt. «So sind die jungen Leute!»

In diesem Augenblick betrat Melanie den Saal, begleitet von ihrer Mutter. Ihnen folgte ein kleiner, schmächtiger Mann mit wenig Haar auf dem Kopf, dafür einem Zopf im Nacken. Herr Kaas!

Melanie in ihrem rosa Angorapullover und den hellblauen Jeans sah wieder ganz toll aus, fand Anton. Frau Kaas war gekleidet wie für einen Staatsbesuch: mit einem schwarzen Kostüm, einer silbergrauen Bluse, Nylonstrümpfen, durch die man ihre behaarten Beine erkannte, und schwarzen Pumps. In das Knopfloch ihrer Jacke hatte sie eine rote Nelke gesteckt. Herr Kaas trug ein rosa Hemd mit einer rot und grün gestreiften Krawatte, eine blaue Clubjacke und eine schwarze Hose.

«Das Ehepaar Kaas! Welch eine Freude!», rief Herr Schwanenhals. «Dürfte ich Sie mit Frau Bohnsack bekannt machen, der Mutter unseres sehr begabten jungen Anton?»

«Wir kennen uns bereits», erwiderte Frau Kaas.

«Ja, wir kennen uns bereits», echote Herr Kaas.

«Richtig! Ich vergaß!», sagte Herr Schwanenhals.

«Welcher ist denn Rüdiger von Schlotterstein?», wandte sich Frau Kaas an Antons Mutter.

Sie blickte sich um. «Er scheint noch nicht hier zu sein.»

«Ja, ja, in den Adelshäusern gehen die Uhren anders als bei uns normal Sterblichen», scherzte Herr Schwanenhals.

«Dann ist es wahr, dass Rüdiger aus einem alten Adelsgeschlecht stammt?», fragte Frau Kaas aufgeregt.

«Nun ... vom äußeren Eindruck her würde ich sagen, dass

die Geschwister von Schlotterstein einem sehr alten Adelsgeschlecht angehören müssen», erklärte Herr Schwanenhals.

«Aber meine Mutter sagt, man darf andere nicht nach dem
äußeren Erscheinungsbild beurteilen», warf Anton ein.

«Das stimmt.» Herr Schwanenhals hüstelte.

«Haben sich Rüdigers Eltern schon bei Ihnen vorgestellt,
Herr Schwanenhals?», erkundigte sich Frau Kaas. «Frau
Bohnsack hat sie bisher noch nicht getroffen, wie sie mir ge-
sagt hat.»

«Nein», bestätigte Antons Mutter. Ihre Miene verriet, dass
sie darauf auch keinen allzu großen Wert legte.

Herr Schwanenhals nestelte an seiner Krawatte. «Um ehrlich zu sein, wurde ich ein wenig ... nun ... überfahren. Die
Geschwister von Schlotterstein sind am vergangenen Freitag einfach bei uns hereingeschneit. Ich hätte es vorgezogen,
wenn man sich vorher mit mir abgesprochen hätte. Wie Sie
als Eltern wissen, ist es eine unserer Grundregeln, die Schüler sehr sorgfältig auszuwählen.»

«Tatsächlich?» Anton sah zu Susanne hinüber.

«O ja!», sagte Herr Schwanenhals. «In der Tanzschule
Schwanenhals nehmen wir nur solche Damen und Herren
an, die sich den Grundsätzen und Zielen unserer Tanzschule – so wie sie in unserem Lied beschrieben werden –
verpflichtet fühlen!»

Er klatschte in die Hände. «Würden Sie sich jetzt bitte für
unser Lied zusammenfinden, meine Herrschaften?»

Die Jungen und Mädchen versammelten sich in der Saalmitte.

«Und Sie möchte ich bitten, im Nebenraum Platz zu nehmen», wandte er sich an Antons Mutter und das Ehepaar Kaas.

Voller Erleichterung sah Anton die drei in der Kaffeestube verschwinden.

Gerade noch rechtzeitig, denn nun ... betrat der kleine Vampir den Saal!

Was *sein* äußeres Erscheinungsbild anbetraf, so stellte er Lumpis Aufzug vom letzten Freitag sogar noch in den Schatten: Er trug einen schwarzen Frack und dazu ein schwarzes Hemd mit einer blutroten Fliege.

Offenbar genoss er das Aufsehen, das er erregte, denn er grüßte nach allen Seiten und rief: «Hi!»

Herr Schwanenhals war so verblüfft, dass er vergaß, den kleinen Vampir an eine weitere Grundregel zu erinnern: keine englischen Ausdrücke zu verwenden.

Nachdem er sich mehrmals geräuspert hatte, sagte er: «Wenn Sie sich zu den anderen Herrschaften begeben würden, Herr von Schlotterstein?»

Schwiegereltern

Der kleine Vampir verbeugte sich vor Melanie und sagte: «Darf ich zum Tanz bitten, schönes Fräulein?»

Melanie kicherte. «Wir tanzen noch nicht. Zuerst singen wir.»

Unzufrieden sah der kleine Vampir Anton an. «Und ich dachte, dies wäre eine *Tanz*stunde!»

«Singst du nicht gern, Rüdiger?», wollte Melanie wissen.

«Na ja ...» Der kleine Vampir grinste. «Heißt es nicht: Wes Blut ich trink, des Lied ich sing?»

«Das hast du mal wieder in den falschen Hals gekriegt, Rüdiger», erwiderte Anton. «Es heißt: Wes *Brot* ich ess, des Lied ich sing.»

«Aber ich ess gar kein Brot!», knurrte der Vampir.

«Ich mag auch kein Brot», verriet Melanie. «Ich finde, Brot ist immer so trocken.»

«Bevorzugst du etwa» – der kleine Vampir fuhr sich mit der Zungenspitze über die bleichen Lippen – «flüssige Nahrung?»

Melanie kam nicht mehr dazu, eine Antwort zu geben, denn Herr Schwanenhals hatte am Klavier Platz genommen und zu spielen angefangen.

«Wo lernt man Walzerschritte», sang er. «Wo sagt man Danke und Bitte?»

Die Tanzschüler fielen im Chor mit ein, auch Melanie und Anton.

Der kleine Vampir, der den Liedtext nicht kannte, sah zwischen ihnen hin und her und klickte mit den Zähnen. Als sie «bei *Saft* und auch bei *Brause*» sangen, gab er einen schmerzlichen Laut von sich. Doch als Melanie und Anton am Schluss des Liedes «Man braucht sie wie zum Ohr das Schmalz!» sangen, nickte er beifällig und grinste.

Sobald sie das Lied beendet hatten, lief Melanie mit den anderen Mädchen zu den Stühlen am Fenster.

«Warum läuft sie weg?», fragte der kleine Vampir irritiert.

«Weil wir gleich das Auffordern üben», erklärte Anton. «Komm, wir gehen auf die andere Seite.»

«Ulkige Sitten», brummte der kleine Vampir.

Aber er folgte Anton. Beim Passieren der Säule achtete Anton darauf, dass er zwischen dem Vampir und den in die Säule eingelassenen Spiegeln ging.

«Ich muss dir etwas Wichtiges sagen!», erklärte Anton, nachdem sie auf den Stühlen Platz genommen hatten. Er sah zur Kaffeestube hinüber.

«Und was ist so wichtig?», zischte der Vampir.

Anton räusperte sich. «Melanies Eltern ... sie sind hier!»

«Melanies Eltern?» Der kleine Vampir schnappte nach Luft. «Wo?»

«Im Nebenraum.»

«Und was wollen sie?»

«Dir ein paar Fragen stellen, schätze ich.»

«Fragen stellen?», ächzte der kleine Vampir. «Bestimmt wollen sie mich ausquetschen, bis ich alles gestehe!»

«Gestehen? Was denn?», fragte Anton.

«Wer ich bin – wer ich *wirklich* bin – wer meine Eltern sind, was sie beruflich machen, wo wir wohnen ...»

«Ich glaube nicht, dass sie dich *ausquetschen* werden», sagte Anton. «Meine Eltern hast du schließlich auch getroffen. Das war doch nicht so schlimm, oder?»

«Ja, weil deine Eltern normale Eltern sind. Aber Melanies Eltern sind Schwiegereltern – und das ist etwas völlig anderes!»

«So?»

«O ja! Schwiegereltern sind die gefährlichsten Schnüffler der Welt!» Der kleine Vampir ballte die Fäuste. «Das hätte ich nicht von Melanie gedacht!»

«Was?»

«Dass sie mich an ihre Eltern verrät!»

«Aber Melanie hat –», ‹überhaupt keine Schuld!›, wollte Anton erwidern – doch seine Worte gingen im «Wiener Blut» unter. Ohne dass Herr Schwanenhals etwas sagte, sprangen die Jungen von ihren Stühlen auf.

«Los, Rüdiger, du musst zu Melanie gehen und sie auffordern!», drängte Anton. «Sonst tut es ein anderer!»

Der kleine Vampir blieb sitzen.

«Solch übertriebene Hast ist unvampirisch», erklärte er. «Außerdem hast du selbst gesagt: Mit *mir* kann sich keiner messen.»

«Ja, schon. Aber hier geht es nicht ums Messen. Hier geht es ums Tanzen», erwiderte Anton.

«Wenn Melanie die ist, für die ich sie halte, wird sie auf mich warten!», antwortete der kleine Vampir.

Jetzt verbeugte sich der Junge mit den kurzen dunklen Locken vor Melanie. Wie Anton befürchtet hatte, erhob sie sich und ging an der Seite des Jungen auf die Tanzfläche.

«Untreu ist sie auch noch!», sagte der kleine Vampir mit Grabesstimme. «Aber das kann ich genauso gut!»

Er sprang von seinem Stuhl und wollte offenbar auf die andere Seite des Saals gehen, wo drei Mädchen saßen, die noch keinen Tanzpartner hatten.

Da erklang hinter ihnen ein Kichern, und dann sagte eine kräftige, leicht heisere Stimme: «Rüdi?»

Der kleine Vampir fuhr herum. «Olga!», rief er.

«O nein ...», stöhnte Anton.

Sie war es wirklich: Olga Fräulein von Seifenschwein!

Für ein Vampirmädchen sah Olga mit ihren blauen Augen, ihrer Stupsnase, den Sommersprossen und dem silberblonden Haar ungewöhnlich gut und gepflegt aus. Sie trug unter ihrem Vampirumhang ein rotes Trachtenkleid, eine weiße Schürze, weiße Kniestrümpfe und schwarze Lackschuhe. Passend zum Kleid hatte sie eine große rosa Schleife in ihrem Haar befestigt.

«Wie … wie kommst du hierher?», stammelte der kleine Vampir.

«Durch die Tür.»

«Aber ich dachte, du wärst in Paris!»

«Ich war in Paris – bis gestern Nacht.»

«Und wie hast du mich gefunden?»

«Das war nun wirklich kein Kunststück. Schließlich wohnt ihr noch immer in eurer alten Gruft.»

«Nein –» Der kleine Vampir machte eine ungeduldige Handbewegung. «Ich meine: Woher wusstest du, dass ich in der Tanzstunde bin?»

«Ich hab Lumpi getroffen, und der hat es mir gesagt.» Olga setzte ein verführerisches Lächeln auf. «Hast du mich sehr vermisst, Rüdi?»

«Ich hab dich wahnsinnig vermisst!», antwortete der kleine Vampir.

«Und was ist mit dir, Anton?», flötete Olga. «Hast du mich auch vermisst?»

«Noch wahnsinniger», sagte Anton ironisch. Doch eitel, wie Olga war, nahm sie die Bemerkung für bare Münze.

«Das freut mich», säuselte sie. «Ich überlege gerade, wen von euch beiden *ich* am meisten vermisst habe.»

«Mich hoffentlich!», krächzte der kleine Vampir.

«Hm, das ist nicht so einfach zu entscheiden …» Sie blickte zwischen Rüdiger und Anton hin und her und kicherte.

«Ihr seht ja todschick aus heute Abend!», meinte sie dann.

«Nicht wahr?», sagte der kleine Vampir geschmeichelt. «Den Frack hat Dracula extra für mich anfertigen lassen!»

«Wollen wir tanzen?», fragte sie.

Anton war nicht sicher, ob die Frage ihm galt oder Rüdiger. Doch als der kleine Vampir feurig «Ja!» rief, ließ Anton ihm gern den Vortritt.

«Auf geht's!» In «unvampirischer Hast» zog der kleine Vampir Olga mit sich auf die Tanzfläche.

Vampirpolka

In der Saalmitte legte der kleine Vampir seine Arme um Olgas Taille und begann, sie im Kreis herumzuschwenken. Da sie ihren Vampirumhang trug, erhob sie sich bei jeder Drehung ein Stückchen in die Luft. Sie warf ihren Kopf in den Nacken und juchzte laut, wobei Anton ihre langen, scharfen Vampirzähne sah.

Anton dachte daran, was der kleine Vampir ihm auf dem Friedhof erzählt hatte: dass die Liebe zwischen Vampiren oft kurz und flüchtig ist. Im Fall von Rüdigers Liebe zu Olga konnte das allerdings nicht stimmen. Der kleine Vampir hatte nur noch Augen für Olga, und Melanie schien er vollständig vergessen zu haben.

«Darf ich bitten?» Zu Antons Schrecken stand plötzlich Susanne vor ihm.

«Wieso? Ist Damenwahl?», entgegnete er.

«Nein. Aber kennen Sie nicht das Sprichwort ‹Wenn der Berg nicht zum Propheten kommen will, muss der Prophet zum Berg kommen›?»

«Nie gehört», behauptete Anton.

«Tanzen wir jetzt?», drängte sie.

«Von mir aus.» Anton trottete hinter ihr her.

Er hatte gerade seine rechte Hand unter Susannes linkes Schulterblatt gelegt und ihre rechte Hand ergriffen, als Herr Schwanenhals sein Klavierspiel unterbrach und mit erhobener Stimme verkündete: «Ich möchte keine Namen nennen, aber jemand tanzt heute Abend nicht in der vorgeschriebenen Art und Weise!»

«Hier! Wir sind das!», rief Olga, kein bisschen verlegen. «Wir tanzen Vampirpolka!»

«Vampirpolka, jawohl!», pflichtete Rüdiger bei und schwenkte Olga noch einmal mit besonders viel Schwung durch die Luft. Sie kreischte vor Vergnügen. Herr Schwanenhals erhob sich und ging auf die beiden zu.

«Dürfte ich erfahren, ob Sie auch eine Schwester des Herrn von Schlotterstein sind?», fragte er Olga.

«Ich? Nein! Rüdiger und ich sind zwar verwandt, aber nur um zehn Friedhofsecken herum!»

«Das kann sich bald ändern, wenn du willst», sagte der kleine Vampir mit rauer Stimme.

Olga kicherte und gab ihm einen Nasenstüber. Dann reckte sie sich und erklärte: «Ich bin Olga von Seifenschwein! Mit vollem Namen: Olga Thusnelda Amalie Klothilde Freifräulein von Seifenschwein!»

Mehrere Tanzschüler lachten.

«Wir von Seifenschweins sind das älteste und angesehenste Adelsgeschlecht von ganz Transsylvanien!», rief Olga – sichtlich erbost, dass man es wagte, über sie zu lachen.

«Ein ausgefallener Name ist kein Grund zum Lachen, meine Damen und Herren», bemerkte nun auch Herr Schwanenhals.

«Pöbel!», sagte Olga mit einem vernichtenden Blick in die Runde.

Herr Schwanenhals hüstelte.

«Dürfte ich bei dieser Gelegenheit erfahren, ob Ihre werten Geschwister beabsichtigen, weiterhin an unserer Tanzstunde teilzunehmen?», wandte er sich an den kleinen Vampir.

«Die? Äh ... nein!»

Herr Schwanenhals wirkte erleichtert. «Ich hätte es allerdings richtiger gefunden, wenn Ihre Geschwister mir Bescheid gesagt hätten!»

Der kleine Vampir zuckte mit den Schultern. «So sind sie nun mal. Außerdem haben wir kein Telefon.»

«Und Sie, Fräulein von Seifenschwein», sagte Herr Schwanenhals zu Olga. «Möchten Sie auch tanzen lernen?»

«Wie kommen Sie darauf, dass ich tanzen *lernen* muss? Hat Ihnen unsere Vampirpolka nicht gefallen?»

«Doch, sicher. Aber wie Ihnen der junge Herr Anton vielleicht schon gesagt hat, haben wir es uns in unserer Tanzstunde zur Aufgabe gesetzt, den Walzer zu lernen.»

«Walzer?» Olga machte ein angewidertes Gesicht. «Puh, das ist doch Schnee von gestern! Wer will denn heute noch Walzer lernen?»

«Das werden Sie gleich erfahren!» Herr Schwanenhals nickte seinen Tanzschülern aufmunternd zu. Als niemand antwortete, rief er: «Nun sagen Sie schon: Wer möchte Walzer lernen?»

«Wir! Wir wollen Walzer lernen!», kam die mehrstimmige Antwort.

«Sehen Sie?», sagte er zufrieden.

«Kommst *du* hierher, um Walzer zu lernen?», fragte Olga den kleinen Vampir.

«Ich? Nein!», versicherte der kleine Vampir. «Ich mach nur wegen der Geselligkeit mit.»

«Ja, du bist ein wilder Geselle!» Sie versetzte dem kleinen Vampir einen freundschaftlichen Rippenstoß. «Viel zu wild für diese lahme, hinterwäldlerische Schwanengrube!»

«Das geht nun wirklich zu weit!», sagte Herr Schwanenhals. «Sie mögen zwar aus dem ältesten und angesehensten Adelsgeschlecht von ganz Transsylvanien stammen. Aber das macht Sie nicht zu einem besseren Menschen, Fräulein von Seifenschwein!»

«Zu einem besseren *Menschen* ...», ächzte Olga. Sie sah den kleinen Vampir an, und beide lachten los. Anton biss sich auf die Lippen, um nicht mitzulachen.

«Nur gut, dass wir heute hergekommen sind!», ertönte in diesem Augenblick die Unheil verkündende Stimme von Frau Kaas. Wie eine Rachegöttin rauschte sie in den Tanzsaal, gefolgt von ihrem Mann, Antons Mutter, noch zwei Müttern und einem Vater.

«Und wir wollten Rüdiger zu uns nach Hause einladen!», rief sie. «Aber nach diesem Auftritt wird entweder Rüdiger die Tanzstunde verlassen – oder unsere Melanie!»

«Jawohl! Rüdiger oder Melanie!», echote Herr Kaas.

Der kleine Vampir gab ein tiefes, kehliges Knurren von sich. Anton fürchtete schon, dass gleich etwas Schreckliches geschehen würde … als Olga den kleinen Vampir am Ärmel packte und zur Tür zog.

Anton überlegte, ob er hinterherlaufen sollte. Aber dann fiel sein Blick auf seine Mutter, die ihn vorwurfsvoll musterte – und er blieb stehen.

Herr Schwanenhals zog ein großes weißes Stofftuch aus seiner Tasche und wischte sich die Stirn trocken. Mit matter Stimme sagte er: «Ich muss Sie um Verzeihung bitten, meine Damen und Herren. Einen derartigen Vorfall hat es in der Tanzschule Schwanenhals bisher noch nicht gegeben.»

«Sie haben doch Ihr Bestes getan!», sagte die eine Mutter.

Betrübt schüttelte Herr Schwanenhals den Kopf. «Wenn ich mein Bestes getan hätte, wäre es nicht zu dieser Auseinandersetzung gekommen.»

«Aber man darf sich niemals entmutigen lassen!», erklärte er nach einer Pause. «Deshalb soll unsere heutige Tanzstunde auch nicht in einem Missklang enden. Meine Damen und Herren, wollen Sie nun bitte für unseren abschließenden Schwanentanz zusammenkommen? Und würden Sie die Freundlichkeit besitzen und sich zu uns gesellen?», wandte er sich an die Eltern.

Die Eltern sahen sich betreten an. Aber sie stellten sich im Kreis auf. Herr Schwanenhals setzte sich wieder ans Klavier und begann zu spielen und zu singen: «Schwa-Schwa-Schwanentanz, wir wackeln alle mit dem Schwanz …»

Erst zögernd, dann immer vergnügter wackelten nun auch die Eltern mit den Hüften, schüttelten sich, hüpften auf und ab, machten ihren Hals lang und gingen im Watschelgang.

Naiv und gutmütig

«Das war wirklich kein schöner Auftritt!», bemerkte Antons Mutter beim Nachhausefahren.

Anton grinste. «Du meinst, wie ihr Erwachsenen mit den Hüften gewackelt habt und durch den Saal gewatschelt seid?»

«Nein! Ich spreche von Rüdiger. Nicht nur dass er sich diesen albernen Frack angezogen hatte – sein ganzes Verhalten zielte darauf ab, Herrn Schwanenhals zu provozieren!»

«Er wollte nur ein bisschen Spaß haben», verteidigte Anton ihn.

Seine Mutter gab Gas. «In gewissem Sinne bewundere ich Frau Kaas.»

«Weil sie sich mit ihrer Kugelstoßerfigur in das enge Kostüm gezwängt hatte?», fragte Anton.

«Nein, nicht deswegen.» Seine Mutter räusperte sich. «Aber Frau Kaas hat Melanie gleich den Kontakt mit Rüdiger untersagt. Vati und ich dagegen waren mal wieder viel zu naiv und viel zu gutmütig. Wir haben Rüdiger und Anna zu uns nach Hause eingeladen und später sogar noch Weihnachten mit ihnen gefeiert!»

«Besser naiv und gutmütig als engstirnig und intolerant wie die Kaas», erwiderte Anton. «Und das Weihnachtsfest mit Rüdiger und Anna war das schönste meines Lebens!»

Seine Mutter blickte ihn prüfend an. «Ist das dein Ernst?»

«Ja!»

«War dir Rüdigers Auftritt denn gar nicht peinlich?»

«Nicht peinlicher als dein Herumwackeln beim Schwanentanz.»

Sie errötete.

«Und außerdem hat Herr Schwanenhals selbst gesagt, dass Rüdiger noch viel lernen muss», ergänzte Anton.

«Du glaubst, Rüdiger wird auch weiterhin zur Tanzstunde kommen?»

«Falls Herr Schwanenhals ihn nimmt ...» ‹Und falls wir uns über die Bezahlung einigen›, fügte Anton in Gedanken hinzu. Heute Abend war es ihm jedenfalls nicht gelungen, dieses Thema mit Herrn Schwanenhals anzusprechen. Deshalb hatte er auch noch seine neunzig Mark.

«Was hältst du davon, wenn ich dich zu einem Eis einlade?», schlug er vor. «Die Eisdiele am Markt hat bis acht geöffnet.»

Sie lachte. «Dieses großzügige Angebot kann ich nicht ausschlagen!»

Als sie vor ihren Eisbechern saßen, sagte Antons Mutter: «Rüdiger scheint dir eine Menge zu bedeuten.»

«Er ist mein bester Freund», antwortete er.

«Wenn er dir so wichtig ist, will ich dir auch nicht verbieten, ihn zu treffen», erklärte sie. «Aber ich würde es trotzdem begrüßen, wenn ihr euch in Zukunft nicht allzu oft seht.»

«Das können wir sowieso nicht. Rüdiger hat einen völlig anderen ... äh ... Stundenplan als ich. Außerdem ist jetzt seine Freundin wieder da.»

«Das blonde Mädchen mit dem Dirndlkleid ist Rüdigers Freundin?»

«Ja.»

«War sie nicht auch schon mal bei uns?»

«Leider. Olga hat keine Hemmungen, anderen Leuten auf die Pelle zu rücken.»

Doch in dieser Nacht erschien der kleine Vampir ganz allein an Antons Fenster.

«Ist Olga wieder abgeflogen?», fragte Anton.

«Wo denkst du hin!», krächzte der Vampir. «Sie hat nur meinetwegen den weiten Flug von Paris hierher gemacht. Und weißt du auch, warum?»

«Nein.»

«Um meinen Geburtstag zu feiern!»

«Deinen Geburtstag?», wunderte sich Anton.

Rüdiger hatte ihm früher einmal erzählt, wann sein *Vampirtag* war: am 21. Mai. Seinen Geburtstag dagegen hatte der kleine Vampir bisher noch nie erwähnt.

«Und wann hast du Geburtstag?», wollte Anton wissen.

Der kleine Vampir reckte sein Kinn. «Am 15. Oktober!»

«Das ist schon am übernächsten Samstag, oder?»

«Allerdings!»

«Und ich dachte, ihr feiert nur den Tag, an dem ihr Vampir geworden seid!»

«Es ist nie zu spät, alte Bräuche durch neue zu ersetzen», erklärte der kleine Vampir. «Olga findet, wir Vampirkinder sollten zweimal im Jahr feiern: unseren Vampirtag *und* unseren Geburtstag! Und weil Olga auch bald Geburtstag hat, will sie mit dem neuen Brauch an meinem Geburtstag anfangen – als Generalprobe. Ist das nicht eine tolle Idee?»

«Na ja», sagte Anton gedehnt. «Und wie alt wirst du?»

«Wie alt? Elf natürlich. Das müsstest du eigentlich wissen.»

«Wieso?»

«Weil ich dir schon ein paar Mal erklärt habe, dass wir Vampire niemals älter werden. Sollte ich noch fünfhundert Jahre lang Vampir bleiben, könnte ich genau vierhundertneunundneunzigmal meinen Geburtstag feiern – aber immer nur meinen elften!»

«Ach so.»

Der Vampir kicherte. «Ist dir ein Mondlicht aufgegangen?»

«Ja ...»

«Noch etwas ist ganz toll an Olgas Idee», fuhr der kleine Vampir in schwärmerischem Ton fort. «Anders als am Vampirtag, wo wir unsere Geschenke wieder abgeben müssen, behalten wir am Geburtstag alle Geschenke. Du solltest dir also schon mal Gedanken über ein richtig gutes Geburtstagsgeschenk für mich machen, Anton!»

«Ich?»

«Ja, du! Selbstverständlich bist du ganz herzlich zu meiner Geburtstagsparty eingeladen!»

Anton schluckte. «Und wo feierst du?»

«In der Gruft Schlotterstein!»

«Und Tante Dorothee? Feiert die etwa mit?»

«Sicher.»

«Unter *den* Umständen bleibe ich lieber zu Hause!»

«Was? Du lässt mich an meinem Geburtstag im Stich?»

«Ich lass dich nicht im Stich», widersprach Anton. «Aber ich will noch immer kein Vampir werden!»

«Man soll niemanden zu seinem Glück zwingen.» Der kleine Vampir breitete die Arme unter dem Vampirumhang aus.

«Warte!», sagte Anton. «Und was ist mit der Tanzstunde?»

«*Der* Schwan ist gestorben», erklärte der Vampir.

«Du willst überhaupt nicht mehr hingehen?»

«Nein! Olga sagt, das alberne Walzerhopsen ist unter unserer Würde. Gute Nacht, Anton!»

Der kleine Vampir flog davon.

«Unter *meiner* Würde ist es sowieso!», brummte Anton, während er das Fernster schloss.

Und so sagte er am nächsten Morgen beim Frühstück,

er hätte sich die Sache mit der Tanzstunde noch einmal überlegt.

«Und zu welchem Ergebnis bist du gekommen?», fragte sein Vater.

«Ich bin zu dem Ergebnis gekommen, dass ich lieber Karate lernen möchte!»

Zu Antons Erstaunen machte weder seine Mutter noch sein Vater ein verärgertes Gesicht, eher im Gegenteil.

Seine Mutter nickte und meinte: «Ich hab inzwischen auch meine Zweifel, was die Lehrmethoden von Herrn Schwanenhals betrifft. Den ganzen Tanzkurs hindurch nur Walzerschritte üben ... das ist wirklich ein bisschen übertrieben, finde ich.»

«Vor allem ist es langweilig», sagte Anton. «Und Langeweile hasse ich am meisten!»

© Burghardt Bodenburg

Angela Sommer-Bodenburg hat Pädagogik, Soziologie und Psychologie studiert. Sie war 12 Jahre Grundschullehrerin in Hamburg und lebt in Silver City, New Mexico, USA, wo sie schreibt und malt. Ihre Erfolgsserie «Der kleine Vampir» wurde in 34 Sprachen übersetzt. Es gibt Musicals, Theaterstücke und Hörspiele zur Serie, außerdem wurde sie zweimal für das Fernsehen verfilmt. Im Jahr 2000 kam eine internationale Großproduktion auf die Kinoleinwand.

Veröffentlichungen (Auswahl):
«Der kleine Vampir», Bd. 1–21, «Anna von Schlottersteins Nächtebuch», «Wenn du dich gruseln willst», «Die Moorgeister», «Julia bei den Lebenslichtern», «Schokolowski», «Hanna, Gottes kleinster Engel», «Jeremy Golden und der Meister der Schatten», außerdem Bilderbücher und Lyrikbände.

www.AngelaSommer-Bodenburg.com

Amelie Glienke: Studium der Malerei und der freien Grafik bei Professor Georg Kiefer, Hochschule der Künste in Berlin; arbeitet als Grafikerin, Zeichnerin und (unter dem Namen HOGLI) als Karikaturistin in Berlin und hat zwei Kinder. Sie illustrierte u. a. Werke von Hanne Schüler und Roald Dahl.

© privat

Angela Sommer-Bodenburg bei rotfuchs

Anna von Schlottersteins Nächtebuch

Die Moorgeister

Prinzessin Pumpernickel

Der kleine Vampir

Der kleine Vampir

Der kleine Vampir zieht um

Der kleine Vampir verreist

Der kleine Vampir auf dem Bauernhof

Der kleine Vampir und die große Liebe

Der kleine Vampir in Gefahr

Der kleine Vampir im Jammertal

Der kleine Vampir liest vor

Der kleine Vampir und der unheimliche Patient

Der kleine Vampir in der Höhle des Löwen

Der kleine Vampir und der Lichtapparat

Der kleine Vampir und der rätselhafte Sarg

Der kleine Vampir und die große Verschwörung

Der kleine Vampir und die Klassenfahrt

Der kleine Vampir feiert Weihnachten

Der kleine Vampir und Graf Dracula

Der kleine Vampir und die Tanzstunde

Der kleine Vampir hat Geburtstag

Der kleine Vampir und die Gruselnacht

Der kleine Vampir und die Letzte Verwandlung

Der kleine Vampir und die Frage aller Fragen

Das dritte große Buch vom kleinen Vampir

The Little Vampire

Roald Dahl

rororo

rotfuchs

Sophiechen und der Riese
rororo 20582

Ottos Geheimnis
rororo 21137

Matilda
rororo 20855

James und der Riesenpfirsich
rororo 21183

Hexen hexen
rororo 20587

Die Zwicks stehen kopf
rororo 20609

Die Giraffe, der Peli und ich
rororo 21148

Der fantastische Mr. Fox
rororo 21411

Der fantastische Mr. Fox
Das Buch zum Film
rororo 21534

Das Wundermittel
rororo 21185

Danny oder Die Fasanen-jagd
rororo 21184

Charlie
Zwei Abenteuer in einem Band
rororo 21434

Charlie und die Schokoladenfabrik
rororo 21211

Charlie und der große gläserne Fahrstuhl
rororo 21212

Ro 065/2 · Rowohlt online: www.rowohlt.de · www.facebook.com/rowohlt

rororo 21627